Las
enseñanzas de Dios
para la mujer de hoy

Las enseñanzas de Dios para la mujer de hoy

Aprende de las mujeres
del *Antiguo Testamento*

Alice Mathews

PORTAVOZ

Título del original: *A Woman God Can Use: Lessons from Old Testament Women Help You Make Today's Choices,* © 1990 por Alice Mathews y publicado por Discovery House Publishers, Grand Rapids, Michigan, 49512.

Traducido con permiso.

Edición en castellano: *Las enseñanzas de Dios para la mujer de hoy,* © 2009 por Alice Mathews y publicado por Editorial Portavoz, filial de Kregel Publications, Grand Rapids, Michigan 49501. Todos los derechos reservados.

Traducción: Rosa Pugliese

EDITORIAL PORTAVOZ
P.O. Box 2607
Grand Rapids, Michigan 49501 USA
Visítenos en: www.portavoz.com

ISBN 978-0-8254-1591-3

2 3 4 5 / 13 12 11

Impreso en los Estados Unidos de América
Printed in the United States of America

A Randall,
con quien he caminado
estos treinta y nueve años,
de la mano y lado a lado,
en el ministerio y en el amor.

CONTENIDO

RECONOCIMIENTOS

Pocos libros, si los hay, se escriben como un solo. Este libro no es la excepción. Detrás de las palabras escritas por un autor, yacen las palabras y obras de un coro completo de voces. Reconocer semejante deuda tan diversa es imposible.

Además de todas las voces que he escuchado en toda una vida de lectura, se encuentran las voces de personas especiales que se han dedicado a impulsarme, motivarme, aconsejarme y amarme. En los primeros lugares de esta larga lista de amigos significativos se encuentra:

- mi padre, George Palmer, quien nunca ha dejado de animarme en el camino,

- mis cuatro hijos, quienes no permitieron que me deslizara en la futilidad de una obra piadosa, sino que me impulsaron a ser real,

- Haddon Robinson, quien me dio a conocer el poder del relato bíblico para representar la verdad bíblica en realidades concretas,

- Kris Greene y su equipo de liderazgo del ministerio de mujeres de la iglesia Cherry Hills Community, quienes oraron para que estos estudios salieran a la luz, y me sustentaron con su amor,

- y a los editores Bob DeVries y Carol Holquist, quienes "vieron un libro" en estos estudios, y me ayudaron a mantener el hilo de los mismos y, más o menos, lo programado.

A estas personas y a otras, cuyos nombres no se encuentran aquí sino grabados en mi corazón, expreso mi más sincero agradecimiento.

INTRODUCCIÓN

No es fácil ser una mujer cristiana a principios del siglo XXI. Estos años nos brindan mayores posibilidades de las que tuvieron nuestras madres. Nos ofrecen libertades que nuestras madres nunca conocieron. Podemos tomar decisiones que no eran una opción para mujeres de otras épocas. Los años que tenemos por delante pueden ser emocionantes. O pueden ser aterradores. Nos identificamos con lo que escribió Charles Dickens: "Estos son los mejores tiempos, estos son los peores tiempos".

Podemos decidir, pero cada decisión que tomamos conlleva un riesgo. La palabra griega que literalmente denota *decisión* es *hairesis*. También puede traducirse como *dogma* o *herejía*. No podemos tomar nuestras decisiones a la ligera. Una decisión puede conducirnos a una herejía. Nuestra única ancla segura es la Biblia, la infalible Palabra de Dios. Como mujeres cristianas, debemos asegurarnos de comprender qué dice la Biblia con respecto a nuestras decisiones.

Como mujeres, hoy día vivimos en lo que los historiadores llaman un "cambio de paradigma"; una época en la cual las antiguas creencias y las antiguas actitudes son drásticamente reemplazadas por nuevas creencias y nuevas actitudes. ¿Cuáles de estas creencias y actitudes están firmemente ancladas en la Palabra de Dios, y cuáles tan solo son producto de nuestras tradiciones? Tal vez deberíamos volver a examinar las creencias y las actitudes con respecto a los roles de la mujer, el matrimonio y la vida familiar, la educación, el trabajo, el crecimiento personal. Las nuevas ideas aún no tienen su predominio. Las antiguas ideas aún no han desaparecido. Pero el cambio ha comenzado y continuará. Esto hace que nuestra época sea tanto aterradora como emocionante.

Es aterradora porque muchas de nosotras crecimos firmemente cimentadas en el antiguo paradigma. No sabemos qué hacer con las nuevas actitudes y oportunidades. Al mismo tiempo, sentimos un escalofrío de emoción porque sabemos que tenemos opciones que las mujeres no tenían hace años.

Mientras luchamos para encontrar nuestra firme posición como mujeres cristianas en las arenas movedizas de las expectativas y las oportunidades de la actualidad, podríamos pensar que nuestra época es única. Pero no lo es. Hace cien años, las mujeres estaban atravesando un cambio de paradigma tan dramático como el que nosotras enfrentamos hoy.

Las mujeres de la época victoriana vivían dentro del paradigma que Barbara Welter ha denominado "el culto a la verdadera femineidad". Dentro de ese paradigma, las mujeres llegaban a ser las tutoras de la pureza y refinamiento de la nación. Esto no era así antes. En la mayor parte de la historia occidental, las mujeres eran consideradas seres peligrosos; mujeres fascinadoras, hechiceras o criaturas terrenales sin inclinación a la piedad. Pero con la feminización de las iglesias después de la Revolución Norteamericana, las mujeres ascendieron a una posición ventajosa. Una vez que se las consideró moralmente superiores a los hombres, se les dio la responsabilidad de promover la piedad en su hogar. La verdadera mujer era piadosa, pura, hogareña y sumisa.

En aquel paradigma, los campos de acción estaban estricta y forzosamente separados. El poeta inglés, Tennyson, lo expresó de esta manera:

> El hombre para el campo, la mujer para la población;
> El hombre para la espada, ella para la aguja de tejer;
> El hombre con la mente, la mujer con el corazón;
> El hombre para mandar, y la mujer para obedecer;
> Todo lo demás confusión es.

El campo de acción de una mujer era el hogar. Era tabú para

ella aventurarse a entrar a un ámbito público. Durante el siglo XIX, las mujeres no estaban autorizadas a votar, no podían entrar en la mayoría de las facultades y universidades, y se las excluía de casi todas las profesiones. Las mujeres, decían los políticos, debían hacer uso de su pureza, virtud y moralidad para elevarle la moral al hombre. Debían mantenerse "al margen de la confabulación política de este mundo". Eso representaba una ciudadanía irreal y una falta de derecho a poseer una propiedad y a votar. Los científicos decían que los cerebros más pequeños de las mujeres no podrían sobrevivir los rigores de una educación superior, y que su capacidad reproductiva sería dañada por demasiado razonamiento. Ese era el paradigma del siglo XIX.

Pero estas mujeres, dentro de su campo de acción separado, tomaron su superioridad moral muy en serio. Las mujeres piadosas evangélicas comenzaron a realizar escuelas dominicales para niños pobres a fin de enseñarles a leer. Fundaron asociaciones maternales para instruir a las madres cristianas en cómo educar a sus hijos. Después, llegaron los esfuerzos para erradicar la prostitución y hacer cumplir la castidad prematrimonial. Desde allí, las mujeres comenzaron a luchar contra el abuso del alcohol y contra la esclavitud. No pasó mucho tiempo hasta que, repentinamente, aparecieron las universidades para mujeres. Cuando las juntas misioneras se negaron a designar mujeres solteras para el servicio misionero, se crearon comités de mujeres, con mucho éxito. Y las mujeres comenzaron a exigir el derecho a votar. En el proceso, la línea entre el campo de acción público de los hombres y el campo de acción privado de las mujeres comenzó a desdibujarse.

Mientras muchos de esos cambios se cristalizaron dentro del paradigma de la época victoriana de la "verdadera mujer virtuosa", a finales del siglo XIX, las mujeres se encontraban atrapadas en las contracorrientes de las nuevas libertades, nuevas oportunidades, nuevas posibilidades.

En la actualidad, somos lo que somos gracias a ellas. Damos por hecho sus victorias duramente conseguidas: el derecho a votar, a obtener títulos universitarios, a desenvolvernos en cualquier profesión, a poseer una propiedad. Nos olvidamos —o nunca nos enteramos— de la agonía que muchas de estas mujeres experimentaron, mientras luchaban para encontrar la voluntad de Dios para su vida. Ellas enfrentaron un cambio de paradigma tan drástico como cualquiera de las cosas que enfrentamos nosotras en la actualidad. Escucharon muchas voces contradictorias. También tuvieron que recurrir a las Escrituras una y otra vez para encontrar el rumbo de Dios para su vida.

Pero no fue en ese período de hace cien años que las mujeres tuvieron que comenzar a aprender a vivir dentro de limitaciones o encontrar maneras de hacer la voluntad de Dios y ensanchar su campo de acción. Desde que se tiene conocimiento, las mujeres han luchado con decisiones difíciles. Han peleado contra las restricciones que las acorralaban. A veces se doblegaban, otras veces se rebelaban contra el que las señoreaba con poder. Han vivido tratando de equilibrar su interpretación de la voluntad de Dios para su vida con las exigencias de los demás. Algunas vivían vidas de silenciosa desesperación. Otras encontraron fortaleza y consuelo en su relación con el Dios viviente.

Algunas han tomado sabias decisiones. Otras han tomado decisiones destructivas. Eva arrancó una fruta —solo una fruta— y, desde ese momento, trajo sobre ella y sobre todas sus hermanas, las consecuencias devastadoras de la caída. María —una profetisa por medio de la cual Dios hablaba— decidió rebelarse contra el liderazgo de su hermano y se enfermó de lepra. Ester decidió arriesgar su vida por su pueblo cautivo y salvó a una nación. Rahab decidió esconder a los espías israelitas y llegó a ser una predecesora del Mesías. La viuda de Sarepta decidió compartir su último bocado de pan con un profeta hambriento y fue alimentada milagrosamente durante una prolongada hambruna. Abigail decidió ir en contra de los deseos de su esposo y salvó a todo un grupo familiar. Además, terminó contrayendo matrimonio con el rey designado. Rut decidió seguir a su suegra

Noemí a una tierra extraña y encontró la felicidad allí, en brazos de un amante esposo. Decisiones. La vida está llena de estas. Debemos tomar decisiones. Pero ¿qué podemos hacer para tomar buenas decisiones? Igual que nuestras hermanas de la época victoriana de hace más de cien años, podemos recurrir a la Palabra de Dios, la Biblia, a fin de recibir ayuda para tomar sabias decisiones. En ella podemos aprender por precepto y por ejemplo. En las páginas que siguen a continuación, observaremos la lucha de mujeres de la Biblia que atravesaron problemas, a veces diferentes a los nuestros y otras veces sorprendentemente similares a los que nosotras enfrentamos. Al observar el fracaso o el triunfo de mujeres reales, podremos encontrar principios que esclarecerán las respuestas que buscamos.

Una última palabra. Cuando hablamos de la libertad de tomar decisiones, descubrimos que hay dos clases de mujeres. Algunas quieren libertad *para* decidir. Otras quieren librarse de esa libertad. Las Escrituras ofrecen ejemplos de ambas. En la Biblia, encontramos un espectro de decisiones más amplio del que muchas mujeres tienen conocimiento. Al mismo tiempo, encontramos barreras bíblicas que evitan que nuestras decisiones se conviertan en herejías. Para decidir sabiamente, debemos conocer la Palabra de Dios y aplicarla bien. Cuando lo hagamos, podremos convertirnos en mujeres de valor, mujeres sabias, mujeres que Dios puede usar.

1

EVA

Cómo ver grandes consecuencias
en las pequeñas decisiones

¿Cuáles son las decisiones más difíciles que tienes que tomar? Los restaurantes de autoservicio ocupan un alto lugar entre mis decisiones más difíciles. *Detesto* hacer fila, insegura de servirme de la bandeja que tengo enfrente, porque puedo perderme de lo que hay en la que está tres metros más adelante. Hago lo imposible para no tener que comer en un restaurante de autoservicio. Mi trauma con tomar decisiones en este tipo de restaurante no tiene mucho sentido. La comida en general no es muy costosa ni muy buena. Por eso, ¿qué importancia tiene si no hice mi mejor elección? ¡Mañana puedo volver!

Tal vez, te haya costado mucho decidirte por ese par de zapatos nuevo o por el menú de la cena para la fiesta del sábado a la noche. Cualesquiera sean las decisiones que detestemos tomar, el hecho es que todos tenemos que tomar decisiones, y decisiones y decisiones. En un estudio de hace algunos años en la Universidad de Minnesota, el Dr. Erich Klinger descubrió que todos por doquier tomamos de trescientas a setecientas decisiones cada día de nuestra vida.

Decidimos *si* nos levantamos por la mañana. Después, decidimos *cuándo* nos levantamos: temprano, tarde, no muy temprano ni muy tarde. Después, decidimos *cómo* nos levantamos: ya sea tanto literalmente como figurativamente con el pie derecho o el pie izquierdo. Más tarde, *realmente* comenzamos a tomar decisiones: qué vestimos, qué nos ponemos primero, si nos cepillamos los dientes o el cabello primero, qué desayunamos, si lavamos o no lavamos los platos, etc., etc. Muchas de estas decisiones no ocupan un alto lugar entre las significativas. A menudo se tratan, sin embargo, de un buen o mal comienzo de nuestro día. Piensa en las decisiones más importantes que has tomado en tu vida. ¿Cuáles fueron? Para algunas de ustedes, elegir su pareja para el matrimonio sea probablemente la más importante. Ya sea que quieras hablar del matrimonio o ni siquiera lo quieras mencionar, posiblemente hayas tomado muy pocas decisiones tan importantes como esta que puede cambiar el rumbo de tu vida.

¿Qué otras decisiones has tomado que parecían trascendentales para ti en ese momento? Puede que hayas agonizado al tomarlas. ¡Tu primera cita romántica! ¿Qué deberías vestir? ¿Deberías comprarte un vestido nuevo? ¿Deberías arruinar tu presupuesto para los próximos seis meses en el atuendo "indicado" para esa cita importante?

Tal vez, estés redecorando la sala y no puedes decidir si ordenar el sofá de brocado blanco o el de terciopelo púrpura. Seis meses o seis años más tarde, puede que ni siquiera recuerdes algunas de estas decisiones, pues en realidad no eran nada importantes.

Tal vez, has luchado con la decisión de casarte o no, o de volver a casarte después de un mal matrimonio y un divorcio que te desgarró el corazón. O tal vez estés casada y no te decidas por tener hijos. Estas son decisiones trascendentales.

Luego, están las decisiones que tomamos, que seis meses o seis años más tarde nos sobresaltan por su importancia al mirar atrás los resultados. Compraste tu casa actual desacertadamente, pero después de mudarte descubriste que tu nueva vecina es ahora tu mejor amiga. Puede que ella te haya llevado a un estudio bíblico donde te hablaron de Jesucristo. Y ahora eres una persona diferente.

O tal vez, conociste al esposo de tu vecina y se han enredado en una aventura amorosa secreta que te ha cambiado la vida: la dinámica de tu propio matrimonio, tu relación con tu vecina y tu propio sentido de integridad personal. Las decisiones incidentales algunas veces resultan ser las más dramáticas y notables de todas.

Decisiones. Nosotras tomamos las decisiones. Después, estas dan la vuelta y nos toman a nosotras. Algunas veces nos quebrantan. Déjame hablarte de una mujer que enfrentó una decisión. Es probable que no sea una decisión que la mayoría de nosotras pondría en la categoría de dramáticas y notables. Fue una decisión incidental respecto a una fruta. La fruta parecía deliciosa. Hasta olía deliciosamente. Alguien dijo que la haría sabia.

No es nada del otro mundo. La próxima vez que te encuentres en la sección de vegetales de tu supermercado y elijas las mejores frutillas o bananas, piensa en esta mujer y la decisión que ella tomó con respecto a una fruta.

El nombre de la mujer es Eva. En realidad, no sabemos su nombre hasta el final de la trama. Al leer la historia en Génesis, el primer libro de la Biblia, ella es simplemente "la mujer". Ella era la única mujer. No había que llamarla de otra manera para distinguirla de entre la multitud. Ella constituye la primera mujer de la raza humana. Podemos aprender mucho de las decisiones que tomó.

¡Mucho comenzó con Eva! Se la llama "la madre de todos los vivientes". También se la llama "la madre de todos los mortales". Puedes verla en Génesis 1:26-28:

> Entonces dijo Dios: Hagamos al hombre a nuestra imagen, conforme a nuestra semejanza; y señoree en los peces del mar, en las aves de los cielos, en las bestias, en toda la tierra, y en todo animal que se arrastra sobre la tierra.
>
> Y creó Dios al hombre a su imagen, a imagen de Dios lo creó; varón y hembra los creó.
>
> Y los bendijo Dios, y les dijo: Fructificad y multiplicaos; llenad la tierra, y sojuzgadla, y señoread en los peces del mar, en

las aves de los cielos, y en todas las bestias que se mueven sobre la tierra.

Como el punto culminante de este espléndido himno de la creación, Dios majestuosamente coronó todo lo que había hecho con la creación del hombre: la raza humana, varón y hembra. Observa que el primer hombre y la primera mujer fueron creados a imagen de Dios.

Sobre la base de esta imagen, de esta semejanza, se les dio dominio a Adán y a Eva sobre la creación de Dios. No era que el hombre y la mujer fueran más fuertes que los leones, tigres e hipopótamos que había a su alrededor. Era que estaban puestos como sus representantes, entre Dios y el mundo creado. Dado que eran representantes de Dios en el mundo, tenían la responsabilidad de sojuzgar todo lo que Él había puesto debajo ellos.

Además de señorear la creación, Adán y Eva tenían el mandato de fructificar y multiplicarse. Tener hijos. Al ver Dios todo lo que había hecho, dijo: "¡Esto es bueno en gran manera!".

Hasta aquí, todo bien. Hemos visto la creación de lejos. Ahora, mientras nos introducimos a Génesis 2, Dios nos lleva nuevamente a una imagen en cámara lenta de lo que sucedió en Génesis 1:27. Allí descubrimos que Dios creo al hombre y a la mujer de manera muy diferente, y la diferencia es muy significativa. Lee Génesis 2:7: "Entonces Jehová Dios formó al hombre del polvo de la tierra, y sopló en su nariz aliento de vida, y fue el hombre un ser viviente".

Adán fue formado del polvo de la tierra, justamente como lo indica su nombre en hebreo, *Adamah*.

Si has leído los versículos siguientes en Génesis 2, habrás descubierto que Adán tenía una vida maravillosa en el Edén. En el versículo 8, lo vemos ubicado en un huerto creado por Dios, ¡seguramente algo para no dejar de ver! En el versículo 9, aprendemos que disponía de una provisión ilimitada de alimentos que eran tanto nutritivos como deliciosos a la vista. En los versículos que siguen, leemos acerca de maravillosos ríos para la pesca o para el nado, y de montañas de oro puro y piedras preciosas. En el versículo 15, vemos que Dios le dio algo para hacer que lo mantendría activo y en buena forma. Entonces, ¿cuál era el problema? Lee el versículo 18: "Y dijo Jehová Dios: No es bueno que el hombre esté solo; le haré ayuda idónea para él".

El problema de Adán era que, mientras estaba solo, constituía solamente la mitad de la historia. Necesitaba otra persona como él para con quien identificarse. Dios lo había creado a su imagen. Adán podía ir a pescar con un rinoceronte, pero no podía hablar del programa de actividades del día siguiente con él. Adán podía arrojar un hueso para que su perro cocker recién creado lo atrapara, pero no podían admirar juntos la puesta del sol. Adán había sido creado a imagen de Dios, pero los animales no. El Dios trino había constituido en Adán una necesidad de comunión con otras criaturas que también llevaran su imagen. Todo lo femenino en la naturaleza de Dios necesitaba una imagen humana también.

Eva no fue una ocurrencia tardía. Ella era indispensable. Según las mismas palabras de Dios en el versículo 18, "no era bueno" que Adán estuviera sin Eva.

Con ese hecho establecido, uno pensaría que Dios hubiera proseguido directamente con la tarea de crear a la mujer. Pero no fue así. Lee Génesis 2:19-20:

> Jehová Dios formó, pues, de la tierra toda bestia del campo, y toda ave de los cielos, y las trajo a Adán para que viese cómo las había de llamar; y todo lo que Adán llamó a los animales vivientes, ese es su nombre.
>
> Y puso Adán nombre a toda bestia y ave de los cielos y a todo ganado del campo; mas para Adán no se halló ayuda idónea para él.

Dios sabía que el desfile de los animales era una farsa. Al traerlos ante Adán, Él le estaba dando un ejemplo práctico. Él quería que Adán se diera cuenta de algo. Él quería que se diera cuenta de que no tenía ninguna contraparte en la Tierra. Adán tenía que descubrir su exclusividad como ser humano. Dios estaba preparándolo para este gran momento cuando Eva aparecería ante él. Adán tenía que entender que él y Eva estarían juntos en un círculo de la creación que nadie más en el mundo podría ocupar. Creados a la imagen de Dios, solo ellos podían disfrutar de comunión el uno con el otro y con su Creador.

Ahora que Adán estaba preparado para ello, Dios hizo su próxima maniobra. Lee Génesis 2:21-22:

> Entonces Jehová Dios hizo caer sueño profundo sobre Adán, y mientras éste dormía, tomó una de sus costillas, y cerró la carne en su lugar.
>
> Y de la costilla que Jehová Dios tomó del hombre, hizo una mujer, y la trajo al hombre.

"El hombre estaba dormido, mientras se creaba a la mujer —ha observado Nancy Tischler—, y desde entonces, la mujer lo ha dejado perplejo".

¿Te has preguntado alguna vez por qué Dios cambió el método de creación cuando había uno que ya dominaba perfectamente? Hasta ese momento, Él había formado los organismos vivos del polvo. En el versículo 9, hizo nacer de la tierra los árboles. En el versículo 7, formó al hombre del polvo de la tierra. En el versículo 19, formó de la tierra todos los animales y las aves. Tal vez pensarías que dado que tenía un buen método que le funcionaba, se ceñiría a él. Pero no. Dios puso en práctica un nuevo método, uno que quitaría toda sombra de duda de que el hombre y la mujer compartían una identidad esencial.

Adán nunca pudo decir: "Eva, tú fuiste formada del mismo material que yo, además de los animales. Tal vez, tú eres más semejante a ellos que a mí". No, Adán y Eva eran de la misma esencia. Ambos fueron creados a imagen de Dios. Ambos tenían dominio. Ambos habían de poblar la Tierra.

En Génesis 2:23, leemos el eufórico reconocimiento de esto: "Dijo entonces Adán: Esto es ahora hueso de mis huesos y carne de mi carne; ésta será llamada Varona, porque del varón fue tomada". Él sabía quién era ella. Ella era la "entraña del hombre", parte de su mismo ser.

Pero ¿quién es esta mujer Eva? Ella era una mujer perfecta, en un mundo perfecto, con una relación perfecta con su Creador y con su esposo. En ella vemos a la mujer completa. Era libre para ser humana y libre para ser todo lo que cualquiera podría desear. Eva nos muestra que la humanidad nació para llegar a ser algo.

Eva también nos muestra qué decidió llegar a ser la humanidad. Continuemos con la historia de Génesis 3. Allí encontramos a una serpiente que se desliza sigilosamente hacia Eva para comenzar una conversación que terminaría en una tragedia. Pero antes de escuchar qué hablaron, necesitamos observar un detalle más en Génesis 2:16-17: "Y mandó Jehová Dios al hombre, diciendo: De todo árbol del huerto podrás comer; mas del árbol de la ciencia del bien y del mal no comerás; porque el día que de él comieres, ciertamente morirás".

En medio de toda la opulencia del huerto del Edén, había un árbol, cuyo fruto Dios les había dicho a Adán y a Eva que no podían comer. ¿Estaba jugando Dios algún tipo de juego con ellos? ¿Estaba atormentándolos, tentándolos más allá de lo que podían resistir?

Para llegar a entender lo referido al árbol, tenemos que entender algo más implicado en nuestro ser creado a imagen de Dios. En el centro del universo, las estrellas se mueven previsiblemente en su ciclo. La primavera y la cosecha están sujetas al curso natural de las cosas. Toda la naturaleza está programada para responder como Dios dispuso que respondiera. Las aves vuelan. Los peces nadan. Los venados corren.

Pero en medio de toda la creación, hay un hombre y una mujer que han sido creados con una diferencia. Ellos pueden decidir. Pueden decidir amar a Dios y obedecerle. O pueden decidir darle la espalda a Dios y tomar su propio camino. Ellos son el único elemento del universo sin programar. Dios convalidó la decisión y confirmó su imagen en nosotros al darnos el poder de decidir. El árbol estaba allí para que Eva y Adán pudieran elegir voluntariamente si se mantendrían en comunión con Dios.

Todos nuestros amores están sujetos a una decisión. Sin el poder de decisión, decir que amamos no tiene sentido. Podemos exigir obediencia, pero no podemos exigir amor. El árbol les dio a Eva y a Adán la oportunidad de amar a Dios significativamente. El árbol, con su sola presencia, era un recordatorio visible para el hombre y la mujer de que eran criaturas, dependientes de su Creador.

Con eso en mente, volvamos ahora a la conversación de Génesis 3:1-7:

> Pero la serpiente era astuta, más que todos los animales del campo que Jehová Dios había hecho; la cual dijo a la mujer: ¿Conque Dios os ha dicho: No comáis de todo árbol del huerto? Y la mujer respondió a la serpiente: Del fruto de los árboles del huerto podemos comer; pero del fruto del árbol que está en medio del huerto dijo Dios: No comeréis de él, ni le tocaréis, para que no muráis. Entonces la serpiente dijo a la mujer: No moriréis; sino que sabe Dios que el día que comáis de él, serán abiertos vuestros ojos, y seréis como Dios, sabiendo el bien y el mal.
>
> Y vio la mujer que el árbol era bueno para comer, y que era agradable a los ojos, y árbol codiciable para alcanzar la sabiduría; y tomó de su fruto, y comió; y dio también a su marido, el cual comió así como ella. Entonces fueron abiertos los ojos de ambos, y conocieron que estaban desnudos; entonces cosieron hojas de higuera, y se hicieron delantales.

Decisiones. ¿Cuál fue la decisión que Eva tomó? Fue

simplemente una decisión sobre una fruta. ¿O cuál fue? Detrás de nuestras pequeñas decisiones, a menudo se esconden grandes decisiones. Para Eva, en realidad, fue la decisión de dudar de la bondad de Dios. Fue una manera de decir que Dios se había mistificado, que en realidad Él no se interesaba en absoluto por ellos. Eva decidió escuchar la mentira de Satanás. Decidió creer que Dios había mentido porque no quería que sus criaturas llegaran a ser como Él. Su decisión —y la decisión de Adán, puesto que él tomó la fruta de la mano de ella y la comió— demuestra la paradoja de ser creados a la imagen de Dios: somos libres de poner nuestra voluntad por sobre la voluntad de Dios. Somos libres de burlarnos de nuestro Creador. A nuestro alrededor, hay personas —tal vez entre nuestros familiares o entre nuestro círculo de amistades— que han decidido que pueden vivir sin Dios y prescindir de su Palabra y su voluntad.

De esa decisión tomada por la primera mujer y el primer hombre, se desprenden tres consecuencias con las que tú y yo vivimos hoy día. La primera ya la hemos visto en Génesis 3:7. Sus ojos fueron abiertos y supieron que estaban desnudos. El simbolismo es claro: ellos se dieron cuenta de lo que habían hecho. Se sintieron culpables de su desobediencia a Dios. En los siguientes versículos, vemos su confrontación con Aquel de quien ahora estaban tratando de esconderse:

> Y oyeron la voz de Jehová Dios que se paseaba en el huerto, al aire del día; y el hombre y su mujer se escondieron de la presencia de Jehová Dios entre los árboles del huerto.
>
> Mas Jehová Dios llamó al hombre, y le dijo: ¿Dónde estás tú?
>
> Y él respondió: Oí tu voz en el huerto, y tuve miedo, porque estaba desnudo; y me escondí.
>
> Y Dios le dijo: ¿Quién te enseñó que estabas desnudo? ¿Has comido del árbol de que yo te mandé no comieses?

Y el hombre respondió: La mujer que me diste por compañera me dio del árbol, y yo comí. Entonces Jehová Dios dijo a la mujer: ¿Qué es lo que has hecho? Y dijo la mujer: La serpiente me engañó, y comí (3:8-13).

La comunión con Dios se destruyó. Adán y Eva se escondieron. El primer distanciamiento que ellos experimentaron fue el distanciamiento de Dios, su Creador.

No solo se resquebrajó la relación vertical. Observa la respuesta de Adán a la pregunta de Dios: él le transfirió la culpa a Eva. Cuando Dios le preguntó a Eva, ella le echó la culpa a la serpiente. La culpa reemplazó la confianza y el amor. La raza humana ahora estaba dividida. El distanciamiento acecha a la raíz de cada relación. Los psicólogos y psiquiatras están muy ocupados en el tratamiento de una sociedad entera que trata de hacerle frente al sentimiento de culpa, la tendencia a culpar a los demás, la recriminación y el distanciamiento que nos separa uno del otro. Vivimos en un mundo lleno de problemas que resultan de este distanciamiento horizontal. Nuestros juicios de divorcio dan fe de ello. Nuestras organizaciones de ayuda contra el abuso y el maltrato son testigos de ello. Las mujeres enfrentan horrendos problemas dentro y fuera del matrimonio, y dentro y fuera del trabajo, debido al sentimiento de culpa. La tendencia a culpar a los demás ha reemplazado el amor y la confianza.

La desobediencia a Dios resquebrajó la relación vertical entre Él y nosotros. También resquebrajó las relaciones horizontales entre los hombres y las mujeres, entre los padres y los hijos, entre personas implicadas en todo tipo de relación humana.

Tercero, la desobediencia quebró la relación armoniosa que Dios había creado entre la naturaleza y el primer hombre y la primera mujer. La mujer cumpliría su destino de dar a luz los hijos, pero ahora lo haría con dolor. El hombre seguiría siendo el hortelano, pero ahora tendría que lidiar con la maldición de la tierra, una tierra que produciría cardos y espinos. Nuestra relación con

Dios, con nuestros congéneres y con el mundo creado a nuestro alrededor se resquebraja por el espíritu independiente.

Observa que ni la mujer ni el hombre fueron maldecidos. La serpiente fue maldecida y la tierra fue maldecida. La mujer y el hombre obtendrían las consecuencias de vivir en un mundo caído y de tener que tratar con una naturaleza hostil.

Observa, además, que las profecías que Dios hizo concernientes a Eva y Adán fueron una manera de revertir la situación a su posición original. Eva, igual que en Edén, sería señoreada por su esposo. Adán, tomado del polvo y puesto a señorear sobre la tierra, ahora tendría que sudar fatigosa y dolorosamente para hacer que esta produjera alimentos para su familia. Al final regresaría a la tierra como Dios dijo: "...pues polvo eres, y al polvo volverás".

Al seguir al hombre y a la mujer fuera del huerto, encontramos a Eva solo dos veces más. En el capítulo 4, leemos que dio a luz a Caín, después a Abel, y en el versículo 25 dio a luz a un hijo llamado Set. No se da el nombre de sus otros hijos, y no se menciona su propia muerte. Año tras año de hastío le sobrevinieron a esta mujer. Ella dio a luz dos hijos, cuyo antagonismo terminó en asesinato y exilio.

Sí, ella obtuvo lo que se le había prometido, un conocimiento tanto del bien como del mal. Conoció el trabajo esforzado, el dolor, la pérdida y la muerte. Muchas mujeres han vivido grandes tragedias. Pero ninguna jamás ha conocido la angustia que Eva debe haber conocido al pasar del Edén al distanciamiento: distanciamiento de Dios, de su esposo y de un medioambiente benévolo. Haber conocido el bien como ella lo conoció debe de haber hecho el mal mucho más crudo en su atrocidad.

Eva aún reflejaba la imagen de Dios. Era una imagen desfigurada, pero de todas maneras era la imagen de Dios. Ella fue separada de la comunión con Aquel que estaba destinada a relacionarse. Conoció el vacío, la angustia de recordar qué había sido destinada a ser, ¡sin la posibilidad de llegar a serlo!

Dentro del trágico desenlace de esta historia, hay un diminuto rayo de esperanza para Eva. Ese diminuto rayo se ha convertido en un haz de luz que puede cambiar nuestra vida en el presente.

Encubierta en la maldición sobre la serpiente, estaba la palabra de Dios, cuando dijo: "Y pondré enemistad entre ti y la mujer, y entre tu simiente y la simiente suya; ésta te herirá en la cabeza, y tú le herirás en el calcañar".

Aun en medio de la imposición del castigo y las profecías por el pecado de Adán y Eva, Dios estaba preocupado por reestablecer una relación con aquellos que portan su imagen. Él advirtió a Satanás que su victoria no sería para siempre. Llegaría el día cuando alguien que nacería de la simiente de la mujer —una declaración inusual cuando "simiente" o semen siempre provenían del hombre— aplastaría la cabeza de la serpiente.

Esta fue la primera promesa, el primer indicio de un futuro libertador del pecado. La mala noticia contenía buenas noticias. Dios no había desechado a sus criaturas. La obra no había terminado. El telón aún no se había bajado después del acto final.

Si recuerdas las clases de literatura de la escuela secundaria o la universidad, podrás recordar las obras de Shakespeare y otros escritores. Algunas obras se denominaban comedias. Otras se designaban como tragedias. Para muchos de nosotros, una comedia es una obra divertida con muchos episodios de bromas cortas. Sin embargo, esa no es la manera en que la comedia difiere de la tragedia. Tanto la tragedia como la comedia siguen la misma trama básica.

En el primer acto, el escritor coloca a una mujer trepada a un árbol. En el segundo acto, un oso está al pie del árbol gruñendo. En el tercer acto, bueno, allí es donde sabemos si la obra es una tragedia o una comedia. La diferencia radica en el final. En una tragedia, la historia se desarrolla sin esperanza. Una vez que esta comienza, las malas decisiones conducen a un mal final. Una comedia, por el otro lado, también incluye malas decisiones de los actores. Pero de alguna manera, las crisis y las ofensas dan un giro, y al final todo resulta para bien.

EVA

Dios no escribe tragedias. La historia de Eva es trágica, no solo para ella, sino para toda la raza humana. Para ti y para mí. Una vez que Eva tomó la decisión de comer esa apetitosa fruta, no pudo cambiar el final para su vida, para Adán, para Caín y Abel, para Set o para cualquiera de sus descendientes.

Sin embargo, el Autor pudo introducirse en la historia y cambiar el final. Dios pudo tomar todas las malas decisiones, el dolor y la pena, y usarlo todo para hacer un final feliz. Él dio el primer indicio de ello en Génesis 3:15. Prometió que uno de los descendientes de Eva derrotaría a Satanás y su poder en el mundo.

Tú y yo no vivimos como vivió Eva, a la espera del cumplimiento de la promesa de Dios. Tú y yo vivimos con aquella promesa cumplida. Jesucristo ha venido, y por medio de Él, tú y yo podemos tener una relación con Dios.

El apóstol Pablo sabía que ese hecho influiría en las vidas de los griegos del primer siglo que vivían en Corinto. Él les escribió: "Porque así como en Adán todos mueren, también en Cristo todos serán vivificados" (1 Co. 15:22).

En Cristo puedo ser vivificada. En Cristo tú puedes ser vivificada. En Él podemos experimentar una relación vertical con nuestro Creador, una relación que Eva y Adán desecharon a cambio de la oportunidad de llegar a ser como Dios. Podemos decidir que el Señor escriba un final feliz para el drama de nuestra vida. Podemos decidir tener una relación con Él que no sea resquebrajada por nuestra independencia y nuestras malas decisiones. Solo así, podremos ver cómo Él lleva sanidad a las relaciones humanas que nos agobian.

Podemos decidir. Si aún no has tomado esta decisión, este es un buen momento para optar por una relación vertical con Dios por medio de Jesucristo.

Eva no constituye el final de la historia. Ella constituye el comienzo. Con ella comienza este libro. El libro terminará con otra mujer, una que le dijo "sí" a Dios, y trajo a nuestro Salvador al mundo. Entre Eva y María, hay miles de años y miles de mujeres.

Este libro considera la manera en que algunas de estas afrontaron la tragedia que les sobrevino como personas imperfectas en un mundo caído. Es una historia de distanciamiento. Es una historia de pecado en el mundo. Es una historia de mujeres, cuyas vidas nos recuerdan que nuestras luchas no son nuevas. Pero también es una historia de esperanza. Son historias de decisiones; buenas, malas y aquellas que no se pensaba que fueran especialmente importantes.

A medida que aprendemos de otras mujeres, podemos decidir ser mujeres cuyos ojos se dirijan a Dios. Podemos decidir vivir sabiamente.

Preguntas para el debate grupal o la reflexión personal:
1. Describe algunas decisiones que has tomado, que parecían grandes en ese momento, pero que no tuvieron mayores incidencias en tu vida.
2. Describe algunas decisiones que has tomado, que parecían pequeñas en ese momento, pero que tuvieron una incidencia importante en tu vida.
3. ¿Cuáles son para ti las consecuencias de decidir vivir la vida sin tomar en cuenta la voluntad de Dios?
4. ¿Qué significa *gracia* y cómo se aplica a nosotros cuando reconocemos que, de alguna manera, hemos "votado en contra de Dios" al tomar una decisión?

2

LEA

Cómo vivir con un hombre
que no te ama

En el musical *The Sound of Music* [La novicia rebelde], cuando María decide enseñarles a los niños Von Trapp a cantar, ella rasguea algunas cuerdas de la guitarra y después canta:

Vamos a comenzar por el principio,
un buen lugar para comenzar.
Al leer, comienzas con A-B-C.
Al cantar, comienzas con do-re-mi.

Al hablar de matrimonio, nos remontamos al mismo principio en el que todo comenzó, en Génesis 2:18: "Y dijo Jehová Dios: No es bueno que el hombre esté solo; le haré ayuda idónea para él". Y una vez que fue hecho, el escritor de Génesis nos dice en el versículo 24: "Por tanto, dejará el hombre a su padre y a su madre, y se unirá a su mujer, y serán una sola carne".

Seguramente recordarás la historia. Adán estaba solo, y Dios dijo que eso no era bueno. Para que Adán estuviera completamente consciente de su cualidad única, Dios hizo que un desfile completo de animales pasara frente al único ser humano sobre la tierra, a fin de recordarle que no tenía una contraparte en el universo. Adán necesitaba que alguien compartiera la vida con él, porque había sido creado para estar en relación. El hombre solo era apenas la mitad de la historia. Por lo que Dios creó a Eva y la llevó ante él.

Así todas las piezas estuvieron en su lugar para formar un matrimonio magnífico.

Con ese comienzo perfecto, estos dos —el hombre y la mujer— estaban en una situación ideal. Fueron creados a la imagen de Dios y emplazados en un huerto donde tenían un trabajo estimulante sin fatiga ni estrés.

Tú sabes lo que sucedió a continuación. Tuvo que ver con una fruta, un mandato de Dios y una decisión. Esa decisión desencadenó en distanciamiento. Distanciamiento de Dios, su Creador. Distanciamiento de la naturaleza, la cual ahora los dominaría, los agotaría y a la cual finalmente regresarían. Distanciamiento uno del otro, dado que la culpa reemplazó la confianza, y la jerarquía reemplazó la igualdad. Y finalmente un distanciamiento interno, dado que cada uno se convirtió en una guerra civil andante, al debatirse entre sus esperanzas y sus temores, al vacilar entre su necesidad fundamental de relaciones y su resentimiento por tener que pagar el costo de estas. Ahora eran personas imperfectas que vivían en un mundo caído.

La muerte invadió la vida. Nosotras vivimos con esa realidad. La muerte invade la vitalidad de nuestras relaciones. Dentro de cada una de nosotras, hay un profundo anhelo de relaciones perfectas. Nos pasamos la vida deseando tan ardientemente ese tipo de relación, que estamos insatisfechas con cualquiera que sea inferior. Aceptar el hecho de que somos personas caídas en un mundo caído es un asunto difícil. No queremos renunciar a nuestros sueños y reconocer que la muerte también ha invadido nuestras relaciones.

Recién en la sexta generación desde Adán y Eva, la relación perfecta entre un hombre y una mujer cedió el paso a la poligamia. En Génesis 4:19, nos enteramos que Lamec contrajo matrimonio con dos mujeres, Ada y Zila. La relación de una sola carne —la unión que no es solo física, sino también mental, emocional y espiritual— ya no es posible para un hombre que adquiere esposas como se adquieren ovejas, o ganado u oro.

Cuando leemos Génesis 29, encontramos dos mujeres —Lea y su hermana Raquel— que son esposas rivales, enredadas en una relación polígama. Raquel, la más joven, es la niña de los ojos de su esposo. Y Lea es la no amada.

¿Cómo puedes vivir con un hombre que no te ama? Lea puede ayudarte a evaluar tu relación de una manera más realista. Primero, encontramos a Lea como una marioneta en manos de alguien que la usa para engañar a otra persona. Jacob le había usurpado a su hermano Esaú su primogenitura y había huido de Canaán hasta llegar nuevamente a Padan-aram, la tierra de sus ancestros. Allí, se instaló en la casa de su tío Labán, el hermano de su madre. Labán acababa de invitarlo a quedarse con él y trabajar para él. Los dos hombres acordaron el salario que Labán le pagaría a Jacob, y nuestra historia continúa con Génesis 29:16-30:

> Y Labán tenía dos hijas: el nombre de la mayor era Lea, y el nombre de la menor, Raquel.
>
> Y los ojos de Lea eran delicados, pero Raquel era de lindo semblante y de hermoso parecer.
>
> Y Jacob amó a Raquel, y dijo: Yo te serviré siete años por Raquel tu hija menor.
>
> Y Labán respondió: Mejor es que te la dé a ti, y no que la dé a otro hombre; quédate conmigo. Así sirvió Jacob por Raquel siete años; y le parecieron como pocos días, porque la amaba.
>
> Entonces dijo Jacob a Labán: Dame mi mujer, porque mi tiempo se ha cumplido, para unirme a ella.
>
> Entonces Labán juntó a todos los varones de aquel lugar, e hizo banquete.
>
> Y sucedió que a la noche tomó a Lea su hija, y se la trajo; y él se llegó a ella. Y dio Labán su sierva Zilpa a su hija Lea por criada.
>
> Venida la mañana, he aquí que era Lea; y Jacob dijo a Labán: ¿Qué es esto que me has hecho? ¿No te he servido por Raquel? ¿Por qué, pues, me has engañado?

Y Labán respondió: No se hace así en nuestro lugar, que se dé la menor antes de la mayor.

Cumple la semana de ésta, y se te dará también la otra, por el servicio que hagas conmigo otros siete años.

E hizo Jacob así, y cumplió la semana de aquélla; y él le dio a Raquel su hija por mujer.

Y dio Labán a Raquel su hija su sierva Bilha por criada.

Y se llegó también a Raquel, y la amó también más que a Lea; y sirvió a Labán aún otros siete años.

Si has asistido a la escuela dominical desde niña, conocerás bien esta historia. Al principio, te dará lástima Jacob. Después de todo, un trato es un trato. Él había negociado por Raquel, no Lea. Su solapado tío le jugó una mala pasada y en cambio le entregó a Lea.

Desde luego, el mismo Jacob había sido muy solapado. Había engañado a su padre ya ciego, Isaac, y había estafado a su hermano Esaú. Así que él mismo no era tan intachable que digamos. Pero seguimos sintiendo lástima por Jacob. Después de siete años de labor, pasó por todos los festejos tradicionales para celebrar su boda con Raquel. Esperó en la oscuridad de la tienda que se le entregara su reciente esposa, a quien solo vio vagamente debido a los excesivos velos de su atavío y a la poca luz, y dio por hecho que era Raquel. ¡Qué consternación debe haber experimentado la mañana siguiente al descubrir que la bellísima Raquel había sido suplantada por la sencilla Lea!

¿Por quién sientes más lástima? Es fácil sumirse en sentimientos de lástima por Jacob y olvidarnos de lo que pudo haber sentido Lea aquella mañana. Algunos comentaristas especulan que Lea también pudo haber estado enamorada de Jacob durante aquellos siete años, y que ella pudo haber sido una cómplice voluntaria de la argucia de su padre. Ninguna parte del texto bíblico confirma esto. No sabemos si Lea fue a la tienda de Jacob aquella noche, cubierta en exceso con velos nupciales, como una cómplice voluntaria o como una hija sumisa que simplemente estaba obedeciendo a su padre. Pero con seguridad, no pudo haber sentido mucho entusiasmo la mañana siguiente cuando Jacob armó un escándalo con su suegro Labán.

Si Lea alguna vez había anhelado el amor de Jacob, si alguna vez se había atrevido a pensar que podría competir con su bella y joven hermana, todas sus ilusiones se truncaron cuando Jacob se enfureció a causa del engaño. Su esposo no la amaba, no la deseaba ni la anhelaba. Y una semana más tarde, llegó a ser la esposa desplazada cuando Jacob tomó a Raquel para él.

Dudo de que haya mujeres, si las hay, en los Estados Unidos hoy día que se hayan casado bajo las mismas circunstancias que Lea. Pero el engaño de una u otra clase es parte de muchas parejas. Si estás casada y consideras tu propia boda, ¿piensas que has recibido la parte de tu trato? ¿O te has sentido defraudada por tu pareja de alguna manera? Ciertamente, la vida puede parecer desdichada cuando la relación más importante de nuestra vida se malogra desde el principio por el engaño o la decepción. El distanciamiento está en acción. Vivimos en un mundo pecaminoso y entablamos relaciones con personas pecaminosas. Y llevamos nuestro propio pecado a estas relaciones. Entonces, no es de sorprenderse que se infiltren el engaño y la decepción.

Sin embargo, una de las palabras más fascinantes de la triste historia de Lea, la menospreciada, se encuentra en Génesis 29:31-32: "Y vio Jehová que Lea era menospreciada, y le dio hijos; pero Raquel era estéril. Y concibió Lea, y dio a luz un hijo...".

Dios no era ciego a la difícil condición de Lea. Él vio el dolor de su corazón. E hizo algo acerca de su realidad. Hizo posible que ella le diera un hijo a Jacob. El Dios soberano vio la necesidad de Lea y la suplió. Y en el proceso, desarrolló un plan para Jacob y sus descendientes, incluida la manera en que enviaría a Jesucristo, el Mesías y Redentor, al mundo.

Parte de la desventaja de Lea era que ella no era una candidata para ser Miss Mesopotamia, pero tenía una hermana que sí lo era.

Raquel era de espléndido parecer: un bello rostro, una bella figura. Aparte de eso, cuando aparece anteriormente, en Génesis 29:6-12, se destaca por su vitalidad y energía. En conclusión, sencillamente lo tenía todo. No es de sorprenderse que Jacob se volviera loco al verla. Con razón la Biblia nos dice de Jacob, que trabajar para ella por siete años "le parecieron como pocos días, porque la amaba". Después, está Lea. Lo único que sabemos de ella es que "los ojos de Lea eran delicados". Los comentaristas y traductores estuvieron a sus anchas con la palabra hebrea traducida aquí como "delicados". No sabemos realmente cómo eran los ojos de Lea. Algunos dicen que estaban irritados. Otros, que podría estar a punto de la ceguera, y Labán quería sacársela de encima rápidamente antes que eso sucediera. La versión Reina-Valera traduce la palabra como "delicados". La paráfrasis de la Biblia al Día dice que "tenía ojos hermosos". Todas estas son posibilidades. Tal vez, Lea tenía solo una buena característica: sus hermosos ojos. O tal vez sus ojos estaban tan desfigurados que todo lo demás se desvanecía en insignificancia. Lo importante es que cualquiera fuera su apariencia, ella creció a la sombra de su bella hermana, y la comparación la desfavorecía en gran manera.

¿Pudo Dios haber creado a Lea tan bella como Raquel? Desde luego. Entonces, si realmente Dios tenía cuidado de ella, ¿por qué no lo hizo? Le hubiera evitado una gran aflicción. ¿Por qué esperó Dios hasta que Lea fuera la esposa que Jacob no amaba para hacer algo bueno por ella?

El profeta Isaías nos recuerda que "Como son más altos los cielos que la tierra, así son mis [de Dios] caminos más altos que vuestros caminos, y mis [de Dios] pensamientos más que vuestros pensamientos" (Is. 55:9). Cuando observamos detenidamente a Lea, vemos que si Dios la hubiera hecho tan bella como su hermana Raquel, es muy probable que no hubiera sido entregada a Jacob en calidad de prenda. Si ese hubiera sido el caso, Jacob nunca hubiera tenido los hijos particulares por medio de los cuales Dios beneficiaría a Israel y a un mundo caído. Dios a menudo trabaja en nuestra vida, no al darnos una situación perfecta, sino al mostrarnos su poder y amor en nuestra propia situación imperfecta. Él obra para nuestro *máximo* bienestar al permitirnos luchar en relaciones no tan perfectas.

Lea era menospreciada. Pero Dios vio aquello y abrió su matriz. No una vez, sino al menos siete veces. Cada vez que Lea sostiene esa pequeña vida en sus brazos y le pone nombre, tenemos una vislumbre de sus pensamientos, sus sentimientos, su necesidad.

En Génesis 29:32, mientras acunaba a su primer hijo, "...llamó su nombre Rubén, porque dijo: Ha mirado Jehová mi aflicción; ahora, por tanto, me amará mi marido".

Al poco tiempo, en Génesis 29:33, "Concibió otra vez, y dio a luz un hijo, y dijo: Por cuanto oyó Jehová que yo era menospreciada, me ha dado también éste. Y llamó su nombre Simeón".

Como si dos hijos no fueran suficientes, leemos en Génesis 29:34: "Y concibió otra vez, y dio a luz un hijo, y dijo: Ahora esta vez se unirá mi marido conmigo, porque le he dado a luz tres hijos; por tanto, llamó su nombre Leví".

Tres hijos. ¿No es suficiente? Aparentemente no, pues leemos en Génesis 29:35: "Concibió otra vez, y dio a luz un hijo, y dijo: Esta vez alabaré a Jehová; por esto llamó su nombre Judá; y dejó de dar a luz".

Cuatro pequeños varones, todos seguidos. ¿Puedes ver a Lea afuera de la tienda, un caluroso día de verano en la Mesopotamia, llamando a gritos: "¡Rubén! ¡Simeón! ¡Leví! ¡Judá!"? Fíjate en la progresión de la perspectiva y la fe de Lea al leer acerca de estos nombres.

Rubén: "¡Mira, un hijo!". Lea reconoció que Dios había visto su miseria, y había abierto su matriz y le había dado un hijo. Ella interpretó el hecho como la manera de Dios de permitir que ella se ganara el amor de su esposo. Pero ¿dio resultado? Aparentemente, no. Nueve meses, diez meses, doce meses más tarde, nació Simeón.

Simeón: "Oyó Jehová". Lea dijo: "Por cuanto oyó Jehová que yo era menospreciada". Ella seguía siendo menospreciada. El nacimiento de Rubén no había hecho que Jacob la amara. Él seguía teniendo ojos solo para Raquel. Ahora Dios había oído el gemir de Lea. Había visto sus lágrimas. Había entendido su profundo anhelo por el amor de Jacob y le había dado un segundo hijo. Seguramente, esta vez Jacob la amaría. Pero ¿fue así? Otra vez, Lea dio a luz un hijo y le puso por nombre *Leví*: "Unidos". Ella explicó su nombre. "Ahora esta vez se unirá mi marido conmigo, porque le he dado a luz tres hijos".

La esperanza es eterna en el seno humano. Lea tenía esperanza, primero con Rubén, después con Simeón y ahora con Leví, que cada nuevo hijo influiría en el matrimonio, que de alguna manera, Jacob comenzaría a amarla como amaba a Raquel. Ella seguía esperando por un lugar equivalente, si no primero, en su corazón. Con el paso del tiempo, después del nacimiento de cada pequeño hijo, la esperanza se aplazaba y luego quedaba truncada. Todos sus esfuerzos para ganarse el amor de Jacob —con la ayuda de Dios— fueron inútiles. Él seguía teniendo ojos solo para la bella, pero estéril Raquel. Muchas esposas hacen lo imposible para ganarse o retener el amor de su esposo que no responde a ella en amor. A menudo, igual que con Lea, esa esperanza eterna llega a ser una esperanza aplazada o truncada.

Es difícil vivir una relación sin el profundo compromiso mutuo de amor. Todo nuestro ser clama por esto. Después de todo, esta fue la intención original de Dios para el matrimonio, cuando creó al hombre y a la mujer, y los reunió en el Edén.

El matrimonio en el Edén era más que sexo. Era un matrimonio de mentalidades. Era un matrimonio de metas. Era un matrimonio de intereses. Era un matrimonio de espíritus. Y era un matrimonio de dos cuerpos, que se hacían uno para simbolizar toda la unión que un hombre y una mujer podrían experimentar en cada dimensión de sus vidas juntos. Era una unidad total que era posible solo en el Edén. En su perfección, Adán y Eva pudieron tener esa relación.

Como una mujer imperfecta casada con un marido imperfecto,

no puedo tener ese tipo de unión total y pura con mi marido. Mis necesidades se interponen en las necesidades de él. Los deseos de él chocan con los míos. Es fácil decepcionarse ante una relación que no puede ser perfecta. Entonces, tratamos, y anhelamos y deseamos algo mejor. En el mundo de hoy día, si no logramos alcanzarlo con el Sr. Maravilloso N.º 1, podemos decidir intentarlo nuevamente con el Sr. Maravilloso N.º 2 o el Sr. Maravilloso N.º 3.

En una época en la cual estamos rodeados de medios de comunicación que nos dicen que el amor romántico es el principio básico de un matrimonio fuerte, es difícil aferrarse al hecho de que un matrimonio magnífico puede edificarse sobre cualquier otra cosa que no sea amor. En el desencanto de sentirnos menos amadas de lo que nos gustaría, ¿es posible encontrar recursos para la felicidad en un matrimonio no tan perfecto?

Consideremos a Lea en el nacimiento de su cuarto hijo. Ella le puso por nombre *Judá*, el cual significa "alabanza". Ella explicó el significado del nombre al decir: "Esta vez alabaré a Jehová". Por primera vez, al ponerles nombre a sus hijos, Lea pasó de expresar su anhelo por el amor de Jacob a aceptar y disfrutar del amor de Dios.

El enfoque de Lea había cambiado de lo que carecía a lo que tenía. Es verdad, nada había cambiado con Jacob. Aún seguía encandilado por Raquel. Lea no lo podía cambiar a él, pero podía cambiar ella misma. Podía cambiar su enfoque. Podía reconocer la mano de Dios en su vida y su aceptación.

El paso más importante hacia el gozo en un matrimonio sin amor es cambiar nuestro enfoque de lo que *no tenemos* a lo que *sí tenemos*. Lea tenía cuatro hijos en una época cuando los hijos eran todo. Ella tomó conciencia de la riqueza de su situación, por eso dijo: "Esta vez alabaré a Jehová".

* * *

Génesis 30 comienza con el centro de atención ahora sobre Raquel:

> Viendo Raquel que no daba hijos a Jacob, tuvo envidia de su hermana, y decía a Jacob: Dame hijos, o si no, me muero.
>
> Y Jacob se enojó contra Raquel, y dijo: ¿Soy yo acaso Dios, que te impidió el fruto de tu vientre?
>
> Y ella dijo: He aquí mi sierva Bilha; llégate a ella, y dará a luz sobre mis rodillas, y yo también tendré hijos de ella.

Ahora vemos que la competencia se pone de manifiesto. Bilha tuvo un hijo de Jacob, que legalmente era hijo de Raquel. Sabemos esto porque fue Raquel quien le puso nombre al pequeño varón. Le puso por nombre *Dan*, porque dijo: "Me juzgó Dios, y también oyó mi voz, y me dio un hijo".

Si funcionó una vez, tal vez funcione dos veces. Por lo que Raquel envió a Bilha para que se acostara con Jacob otra vez. Y otra vez la sierva concibió y dio a luz un hijo. Y de nuevo Raquel le puso nombre al bebé recién nacido, esta vez *Neftalí*. ¿Sabes qué significa *Neftalí* y qué tenía en mente Raquel cuando escogió ese nombre? *Neftalí* significa "lucha", y Raquel explicó su elección al decir: "Con luchas de Dios he contendido con mi hermana, y he vencido".

¿Había vencido? El puntaje en realidad era dos a cuatro a favor de Lea. Pero por temor a que su hermana pudiera acercársele, Lea se lanzó al mismo juego y le dio su sierva Zilpa a Jacob también. Cuando Zilpa dio a luz un hijo, Lea le puso por nombre *Gad*, que significa "riqueza". Sí, sus riquezas estaban incrementándose. El puntaje ahora era cinco a dos, aún a favor de Lea.

Había funcionado dos veces para Raquel. Tal vez, funcionaría dos veces para Lea. Por lo que una vez más envió a Zilpa a acostarse con Jacob. Y una vez más, Zilpa concibió y dio a luz un hijo. Esta vez, Lea le puso por nombre *Aser* que significa "feliz". Ella exclamó: "¡Qué feliz soy! Las mujeres me dirán que soy feliz" (NVI).

¡Qué cambio! La amada y favorecida Raquel estaba desconsolada. La miserable y menospreciada Lea afirmaba: "¡Qué feliz soy!". El cuadro se había invertido. La mujer que "lo tenía todo" al principio ahora se estaba carcomiendo de celos y frustración. La esposa sustituta, que anhelaba desesperadamente conocer el amor de su esposo, ahora había aprendido a enfocarse en lo que tenía, no en lo que carecía. Ella pudo decir: "¡Qué feliz soy!".

* * *

Yo estaría feliz si la historia terminara en Génesis 30:13. Lea parecía "victoriosa" por encima de su matrimonio sin amor. Ella alabó a Dios por lo que tenía y no se enfocó en lo que carecía. Sería lindo pensar que ella siguió así por el resto de su vida. Pero nuestras batallas raras veces se ganan de una vez. En la rivalidad de todos los días entre Raquel y Lea —una rivalidad que duró toda una vida—, la batalla de Lea de vivir por encima de su matrimonio sin amor tuvo que pelearse una y otra vez. Comprendemos mejor la relación entre las dos hermanas en la historia que sigue en Génesis 30:14-17:

> Fue Rubén en tiempo de la siega de los trigos, y halló mandrágoras en el campo, y las trajo a Lea su madre; y dijo Raquel a Lea: Te ruego que me des de las mandrágoras de tu hijo.
>
> Y ella respondió: ¿Es poco que hayas tomado mi marido, sino que también te has de llevar las mandrágoras de mi hijo? Y dijo Raquel: Pues dormirá contigo esta noche por las mandrágoras de tu hijo.
>
> Cuando, pues, Jacob volvía del campo a la tarde, salió Lea a él, y le dijo: Llégate a mí, porque a la verdad te he alquilado por las mandrágoras de mi hijo. Y durmió con ella aquella noche.
>
> Y oyó Dios a Lea; y concibió, y dio a luz el quinto hijo a Jacob.

El incidente trivial demuestra las tensiones diarias en la casa de Jacob. El pequeño Rubén había encontrado algunas mandrágoras en el campo. La mandrágora es una planta que crece cerca del suelo, tiene hojas crespas y oscuras, y da un fruto amarillo del tamaño de una ciruela y con la forma de un tomate. Lo que la hacía importante es que se la llamaba la manzana del amor. Las personas creían que las mandrágoras ayudaban a las mujeres a ser fértiles. ¿Recuerdas lo que Raquel le expresó a Jacob al principio de Génesis 30? "Dame hijos, o si no, me muero". Ahora puedes entender por qué, cuando vio a Rubén con las manzanas del amor, le pidió a Lea que le diera algunas a ella. Pero también puedes entender la respuesta de Lea. "¿Es poco que hayas tomado mi marido, sino que también te has de llevar las mandrágoras de mi hijo?".

La relación entre Lea y Raquel seguía afectada por la rivalidad y la recriminación. No es de asombrarse que, años más tarde, el matrimonio de dos hermanas con el mismo hombre se prohibiera en la ley mosaica (Lv. 18:18). Raquel haría cualquier cosa para quedar embarazada. Lea no podía olvidar que Raquel seguía poseyendo el corazón de su esposo. Por lo que comenzó la negociación. Al final, Raquel estuvo de acuerdo en que Jacob durmiera con Lea aquella noche a cambio de las mandrágoras.

Irónicamente, fue la mujer sin las mandrágoras la que quedó embarazada. La mujer que creía en las cualidades mágicas de aquellas pequeñas manzanas del amor amarillas siguió estéril.

Cuando nació el quinto hijo de Lea, le puso por nombre *Isacar*, que significa "recompensa". Ella explicó el significado de su nombre al decir: "Dios me ha dado mi recompensa, por cuanto di mi sierva a mi marido". ¡No estoy segura de qué quiso decir con eso! Zilpa le había dado a Jacob dos hijos. Debido a que los hijos eran tan importantes en las familias antiguas, ¿quiso decir Lea que su disposición de dar a Zilpa a Jacob merecía una recompensa especial? Esto no le había sucedido a Raquel. Sea como fuese, ella vio a Isacar como una recompensa de Dios.

El texto bíblico dice que casi inmediatamente Lea concibió otra vez y le dio a Jacob un sexto hijo, a quien llamó *Zabulón*, que significa "honor". Fíjate en la explicación que Lea dio de este nombre: "Dios me ha dado buenos obsequios para mi marido. Ahora él me honrará porque le he dado seis hijos" (Biblia al Día, paráfrasis).

Observa cómo había evolucionado la perspectiva que Lea tenía de la vida. Después de su primer hijo, ella dijo: "Ahora, por tanto, me amará mi marido". Después del tercer hijo, dijo: "Ahora esta vez se unirá mi marido conmigo". Ahora, después del nacimiento de su sexto hijo, rebajó sus expectativas. Ella simplemente dijo: "Ahora él me honrará". Lea se había vuelto más realista acerca de lo que sucedería o no en su matrimonio.

El contentamiento en un matrimonio sin amor nunca llegará, mientras nos aferremos al ideal del amor romántico y perdamos de vista los buenos obsequios de Dios que ya hemos recibido. Lea se enfocó en Zabulón como un "buen obsequio" del Señor.

Muchos años habían pasado desde aquella mañana cuando Jacob despertó y descubrió que la reciente esposa de su tienda era Lea y no Raquel. Durante todos esos años, Raquel quería un hijo más que nada en el mundo. Después de largos años de espera —con un puntaje de nueve para Lea (incluida su hija Dina) y solo dos para Raquel por medio de su sierva—, Dios escuchó el clamor de Raquel por un hijo y concibió. Fue así como nació su hijo José, y el primer pedido de Raquel fue: "Añádame Jehová otro hijo".

Dios escuchó sus oraciones, pero con consecuencias que ella probablemente no esperaba. Para entonces, Jacob había trabajado con Labán por veinte años. Un truhán estaba siendo estafado por otro truhán. Por lo que Jacob tomó la decisión de regresar a Canaán con su gran familia de dos esposas, dos concubinas, once hijos y una hija.

Mientras la familia viajaba hacia el oeste, sucedió lo impensable. Raquel, al acercarse al final del viaje y embarazada de su segundo hijo, murió al dar a luz. Lo que quiso más que cualquier cosa en el mundo se convirtió en la causa de su separación final del hombre que la amaba. La mujer con todas las razones para estar feliz murió al dar a luz al hijo que puso por nombre *Benoni*, "hijo de mi tristeza".

Es fácil mirar a una mujer de admirable belleza, de maravillosa figura, con el perpetuo amor de su hombre, y pensar que ella es la más feliz de todas las mujeres. Pero considera la tristeza de Raquel. Considera su queja. Las cosas a menudo no son lo que parecen ser. ¿Y qué me dices de Lea? Dios había removido soberanamente su rival del círculo familiar. Raquel había muerto. Lea era ahora la esposa número uno. No sabemos si Jacob aprendió a amarla un poco más que al principio de su decepción. No sabemos cuántos años más vivieron juntos. Solo sabemos que cuando Lea murió, Jacob la enterró en el terreno de sepultura de sus ancestros, la cueva de Macpela, donde fueron enterrados Abraham y Sara, Isaac y Rebeca. Él la honró al momento de su muerte.

Al final del libro de Rut, después que Booz había superado al pariente más cercano y había tomado a Rut como esposa, los ancianos de la ciudad de Belén oraron: "...Jehová haga a la mujer que entra en tu casa como a Raquel y a Lea, las cuales edificaron la casa de Israel; y tú seas ilustre en Efrata, y seas de renombre en Belén" (4:11).

La menospreciada Lea fue la antecesora que ayudó a edificar la casa de Israel. De los doce hijos de Jacob que llegaron a ser los progenitores de las doce tribus de Israel, seis le nacieron a Lea.

De la tristeza personal de Lea salieron las bendiciones para Israel. Fue ella quien dio a luz a Judá, de quien vino el rey más grandioso de Israel, David, y de quien vino el León de la tribu de Judá, nuestro Señor Jesucristo.

Lea, la sencilla hermana mayor de la bella Raquel, vivió una situación muy difícil y sobrevivió. Al igual que ella, nosotras también somos personas caídas en un mundo caído. Somos personas marcadas por el distanciamiento uno del otro y de nosotras mismas. La vida raras veces, si alguna vez, viene de una manera completamente satisfactoria. La mayor parte del tiempo viene con un margen de insatisfacción; sin suficiente amor, sin suficiente cuidado, sin suficiente honor, sin suficiente estima. Tal vez, tenga un poco de lo que deseamos, pero nunca todo lo que nos gustaría.

Al igual que Lea, podemos enfocarnos en lo que carecemos y

ser miserables. O también al igual que Lea, podemos decidir enfocarnos en lo que tenemos y decir: "Esta vez alabaré a Jehová". ¿Cómo vivir con un hombre que no te ama? Cambia tu enfoque. En el proceso, no solo terminarás exclamando igual que Lea: "¡Qué feliz soy!", sino que algún día descubrirás que Dios ha obrado su milagro mediante tu tristeza, al bendecir al mundo a través de ti.

Preguntas para el debate grupal o la reflexión personal:
1. ¿Cuáles son los elementos indispensables de un buen matrimonio para ti?
2. ¿Cuán importante es el amor en un buen matrimonio?
3. ¿Cómo puedes saber que el amor está presente en un matrimonio?
4. ¿Qué piensas que puede hacer una mujer si siente que su esposo no la ama?

3

RAHAB

Cómo optar por Dios en tu cultura

Imagínate que estás manejando hasta el supermercado y te acercas a una intersección con un semáforo. Cuando estás a treinta metros del cruce, la luz se pone en amarillo. ¿Qué decisión es probable que tomes en la próxima fracción de segundo?

¿Vas a presionar fuerte el acelerador y pasar retumbando, posiblemente en amarillo, pero probablemente en rojo? ¿O presionarás el freno para no correr riesgos?

La decisión que tomes en esa fracción de segundo dependerá de varios factores. Para empezar, tu agenda influirá en tu decisión. ¿Estás retrasada o tienes toda la mañana libre para hacer las compras?

Otra cosa que influye en tu decisión es qué piensas respecto a obedecer la ley en todo tiempo. Algunas de nosotras somos compulsivas a este respecto. Para otras, caminar al borde de la ley constituye un reto estimulante.

Un tercer factor es cómo te sientes cuando te hacen una multa, al tener que darle explicaciones a tu familia o al tener que hablarle al oficial de policía.

Desde luego, tu personalidad influirá en la decisión que tomes. Si eres del tipo A que no soporta esperar en los semáforos, probablemente presionarás a fondo el acelerador y cruzarás como un cañón la intersección.

Una vez que decides eso, más adelante puede que tengas que tomar más decisiones. Vamos a suponer que has terminado de hacer las compras y estás pagando la cuenta. El cajero te da un billete de diez dólares en vez del de cinco que deberías recibir. ¿Qué decisión tomarás en la próxima fracción de segundo? ¿Le harás notar su error o te guardarás el billete sin decir nada?

Una vez más, tu decisión en ese instante dependerá de varios factores. Podrías recordar las veces que compraste vegetales en ese supermercado y resultaron estar en mal estado: la lechuga estaba oxidada, el melón era insípido o las manzanas eran arenosas. O tal vez, la última vez que compraste queso blanco allí, tuviste que tirarlo porque estaba agrio. En esa fracción de segundo, podrías decidir que simplemente estás recibiendo una compensación por todas las veces que el supermercado te ha estafado con mala mercadería.

Lo que tú creas acerca del supermercado y lo que creas respecto a la honestidad y la justicia determinarán lo que hagas cuando tengas que tomar una decisión en una fracción de segundo con respecto a un vuelto sobrante en la caja registradora.

Este no es un problema nuevo. Hace miles de años que las personas enfrentan decisiones como estas. Desde que Eva tomó una decisión relacionada con una fruta en un huerto hace mucho tiempo, las personas han tenido que tomar decisiones rápidas en la vida. Por lo general, esas decisiones se hacen basadas en lo que creemos de nosotras mismas, de nuestra sociedad y del universo. ¿Hay un Dios? Si es así, ¿cómo influye Él en lo que yo decido hacer? ¿Qué creo de Él que influye en las decisiones que tomo cada día?

Cuando pasamos a Josué 2, encontramos a una mujer que tomó una decisión en una fracción de segundo, que cambió toda su vida. Su nombre era Rahab. Ella practicaba la profesión más antigua sobre la faz de la tierra, la prostitución. Ya había tomado algunas decisiones importantes respecto al valor de su cuerpo y al valor de su alma. En Josué 2, la vemos al enfrentar otra decisión.

Para entender aquella decisión, sin embargo, necesitamos retroceder cuarenta años y preparar el terreno para la rápida elección de Rahab. El pueblo de Dios, compuesto por las doce tribus de Israel, fue tomado como esclavo en Egipto. Bajo el liderazgo de un memorable trío familiar —Moisés, Aarón y María—, Dios libertó a su pueblo. Cuando por incredulidad estas personas se negaron a entrar a la Tierra Prometida, vagaron durante cuarenta años en la península del Sinaí. Durante ese tiempo, murió una generación entera, y nuestra escena comienza con las doce tribus ahora acampadas sobre el lado este del río Jordán, listas para comenzar la conquista de Canaán bajo el liderazgo de su nuevo comandante en jefe, Josué.

La primera ciudad que los israelitas tendrían que tomar era Jericó, la ciudad de las palmeras. Esta abarcaba un exuberante valle verde. Dios le había prometido a su pueblo una tierra que fluía leche y miel, y la primera ciudad de su trayecto fue en efecto una que cumplía perfectamente con dicha descripción.

El valle era fértil y bien regado, y rebosaba de abundante cultivo y deliciosos frutos. La ciudad era la más fuerte de las ciudades fortificadas de Canaán. Los muros de adobe, de unos seis metros de alto, parecían impenetrables. Los arqueólogos nos dicen que en realidad había dos muros con una amplia brecha de viviendas entre ellos. En una de esas viviendas sobre el muro, vivía Rahab.

Nuestra historia comienza en Josué 2:1:

> "Josué hijo de Nun envió desde Sitim dos espías secretamente, diciéndoles: Andad, reconoced la tierra, y a Jericó. Y ellos fueron, y entraron en casa de una ramera que se llamaba Rahab, y posaron allí".

Este es el escenario: israelitas que se preparaban para la guerra, espías y cuestiones de lealtad y patriotismo. Los espías habían llegado a Jericó. ¿Dónde podrían alojarse? ¿Cómo podrían averiguar la información que necesitaban? ¿Qué mejor lugar para ir que a una casa de prostitución? Por lo general, los mercaderes visitantes preguntaban por ese tipo de lugares. No deberíamos sorprendernos de que los dos espías de Israel terminaran en la casa de Rahab que estaba sobre el muro.

Pero, ¿los intrusos lograron evadir las sospechas? Lee Josué 2:2-7:

> Y fue dado aviso al rey de Jericó, diciendo: He aquí que hombres de los hijos de Israel han venido aquí esta noche para espiar la tierra.
>
> Entonces el rey de Jericó envió a decir a Rahab: Saca a los hombres que han venido a ti, y han entrado a tu casa; porque han venido para espiar toda la tierra.
>
> Pero la mujer había tomado a los dos hombres y los había escondido; y dijo: Es verdad que unos hombres vinieron a mí, pero no supe de dónde eran.
>
> Y cuando se iba a cerrar la puerta, siendo ya oscuro, esos hombres se salieron, y no sé a dónde han ido; seguidlos aprisa, y los alcanzaréis.
>
> Mas ella los había hecho subir al terrado, y los había escondido entre los manojos de lino que tenía puestos en el terrado.
>
> Y los hombres fueron tras ellos por el camino del Jordán, hasta los vados; y la puerta fue cerrada después que salieron los perseguidores.

Evidentemente, los espías habían levantado sospechas entre algunos pobladores de Jericó, y el rey pronto tuvo noticias de ellos. Entonces, envió una delegación a la casa de Rahab para pedirle que esos intrusos fueran entregados a la fuerza policial de Jericó. Rahab se encontró en la necesidad de tener que tomar una decisión rápidamente.

¿Sería patriota y entregaría a los espías al rey? ¿O mentiría y se convertiría en una traidora por refugiar a los enemigos de su pueblo?

Esa es una decisión importante para cualquier persona. Y Rahab no tenía varias horas o varios días para pensar o consultar con alguien de su confianza. Tenía que tomar esa decisión en un instante. Tú sabes por el texto bíblico qué decisión tomó. Los espías, al menos por ese momento, estaban a salvo bajo los manojos de lino del terrado. Los soldados que fueron hasta la puerta de su casa creyeron su historia y salieron tras los israelitas por el camino del Jordán, hasta los vados del río.

Piensa en la decisión de Rahab. ¿Quién la convenció de que sería mejor que traicionara a su pueblo y arriesgara su propia vida simplemente para salvar la vida de dos hombres a los que jamás había visto antes y no sabía si los volvería a ver?

Al igual que muchas de las decisiones que tomamos en fracción de segundo, la decisión de Rahab surgió de quién era ella y qué creía de ella misma, del mundo y de Dios. Lo que creía le dio el valor de ir en contra de su pueblo y su gobierno, cuando se encontró en la necesidad de tomar una decisión en fracción de segundo.

Acompáñame en tu imaginación a ese terrado sobre el muro de Jericó. Escucha lo que Rahab les dice a los espías después que los soldados abandonaron su inútil búsqueda. Siéntate conmigo bajo las estrellas, mientras ella habla con los dos hombres de Israel. Siente la cálida brisa de primavera. Huele las ricas fragancias de las flores en el aire de la noche. Contempla el río chispeante a la luz de la luna hacia el este, y las montañas que se asoman imponentes hacia el oeste. Lee lo que Rahab les dijo a aquellos dos jóvenes en Josué 2:8-13:

> Antes que ellos se durmiesen, ella subió al terrado, y les dijo:
>
> Sé que Jehová os ha dado esta tierra; porque el temor de vosotros ha caído sobre nosotros, y todos los moradores del país ya han desmayado por causa de vosotros.
>
> Porque hemos oído que Jehová hizo secar las aguas del Mar Rojo delante de vosotros cuando salisteis de Egipto, y lo que habéis hecho a los dos reyes de los amorreos que estaban al otro lado del Jordán, a Sehón y a Og, a los cuales habéis destruido.
>
> Oyendo esto, ha desmayado nuestro corazón; ni ha quedado

más aliento en hombre alguno por causa de vosotros, porque Jehová vuestro Dios es Dios arriba en los cielos y abajo en la tierra.

Os ruego pues, ahora, que me juréis por Jehová, que como he hecho misericordia con vosotros, así la haréis vosotros con la casa de mi padre, de lo cual me daréis una señal segura; y que salvaréis la vida a mi padre y a mi madre, a mis hermanos y hermanas, y a todo lo que es suyo; y que libraréis nuestras vidas de la muerte.

¿Qué creencia fundamental hizo que esta mujer tomara la decisión de esconder a los espías y traicionar a su ciudad? Rahab decidió apostar su vida y su futuro en el Dios de Israel. Ella se había convencido, como les dijo a los espías, de que el Dios de ellos "...es Dios arriba en los cielos y abajo en la tierra".

Y esa es la única manera en que tú y yo podemos confrontar a nuestra cultura o ir contra la tendencia de la sociedad que nos rodea. Solo podremos encontrar el valor de hacerlo cuando estemos convencidas de que "...[nuestro] Dios es Dios arriba en los cielos y abajo en la tierra".

¿Creo realmente que Dios es soberano no solo arriba en los cielos, sino también abajo en la Tierra? ¿Estoy convencida de que "mis tiempos están en las manos de Dios", que Dios realmente tiene "el mundo entero en sus manos"? ¿Puedo estar segura de que sus manos son buenas manos, y que su voluntad hará que triunfe la justicia y el bien al final?

El poeta estadounidense James Russell Lowell escribió:

> Lo verdadero siempre en el degolladero,
> lo falso siempre en el trono.
> Con todo, el degolladero rige lo venidero,
> y detrás de la oscura confusión,
> de incógnito está Dios,
> cuidando de su creación.

"Lo verdadero siempre en el degolladero, lo falso siempre en el trono". Parece que es así a veces, ¿verdad? Miramos el mundo que nos rodea y vemos que triunfa la injusticia. Vemos que los buenos pierden, y los malos ganan. Vemos a una amiga cercana que tiene que lidiar con un matrimonio resquebrajado, no porque ella haya sido una mala esposa, sino porque su esposo ha sucumbido ante los encantos de otra mujer. Vemos a un esposo honesto perder su trabajo al mismo tiempo que un compañero deshonesto es promovido. No parece como si Dios fuera soberano abajo en la Tierra. Y no tenemos mucho para creer que Dios sea soberano arriba en los cielos. ¿Está Dios realmente de incógnito cuidando de su creación?

Creer si lo que escribió Lowell es verdad o no depende de cuánto sabes acerca de Dios.

Rahab sabía suficiente de Dios para creer que Él usaría su gran poder para beneficiar a los suyos. Ella estaba dispuesta a apostar su vida en ello. Sabía cuán gruesos eran los muros de Jericó. Vivía sobre ellos. Sabía cuán feroces eran los soldados de Jericó. Como una ramera, probablemente los había escuchado bastante ostentar de su fortaleza y sus proezas cuando ellos la visitaban. Ella sabía cuán invulnerable era Jericó para cualquier invasor. Pero pese a todo eso, había llegado a creer que el Dios de Israel triunfaría, y que los israelitas estaban del lado de Dios. Ella estaba tan segura de eso que estaba dispuesta a apostar su vida en esa realidad. Rahab se atrevió a levantarse sola contra su propia cultura porque tenía una fuerte fe en el Dios de Israel.

Aprendemos algo importante de la fe de Rahab cuando pasamos al Nuevo Testamento. Para nuestra sorpresa, vemos que esta ramera se establece como ejemplo de una fe destacada. Fíjate primero en Hebreos 11:31 "Por la fe Rahab la ramera no pereció juntamente con los desobedientes, habiendo recibido a los espías en paz".

Aquí, en este museo de la fama de los héroes de la fe, encontramos solo a dos mujeres: a Sara, la esposa de Abraham y a Rahab, la ramera. ¡Asombroso! Pero el escritor de esta carta a los hebreos no es el único que usó la fe de Rahab como ejemplo. Fíjate también en Santiago 2:25-26 "Asimismo también Rahab la ramera, ¿no fue justificada por obras, cuando recibió a los mensajeros y los envió por otro camino? Porque como el cuerpo sin espíritu está muerto, así también la fe sin obras está muerta".

La fe de Rahab no solo la llevó a hacer una firme declaración acerca del Dios de Israel: "...Jehová vuestro Dios es Dios arriba en los cielos y abajo en la tierra". También derivó en una hazaña poderosa en favor del pueblo de Dios. Alguien ha dicho que "la fe es un *paso*, no tan solo una declaración".

¿Qué demostró la fe de Rahab? El escritor a los hebreos dijo que el hecho de que ella había recibido a los espías demostraba su fe. Santiago señala lo mismo al decir que "recibió a los mensajeros y los envió por otro camino", lejos de los soldados de Jericó. La fe de Rahab la llevó a la acción. Su decisión a actuar resultó de su fe.

¿Y a qué dio lugar? ¿Decidió bien Rahab al apostar su vida en la realidad y en la obra del Dios de Israel? Si has crecido asistiendo a la escuela dominical, conocerás la historia mejor que yo.

Después de haber enviado a los soldados de Jericó a una persecución inútil, ella tuvo aquella maravillosa conversación con los dos espías sobre la terraza bajo un cielo nocturno estrellado. Ella confesó su fe en el Dios de Israel. E hizo algo más. Les pidió que, a cambio de no delatarlos y salvarles la vida, sus padres, hermanos y hermanas estuvieran a salvo cuando Dios entregara a Jericó a los invasores.

"Nuestra vida responderá por la vuestra" —le aseguraron los espías. Pero hubo dos condiciones: ella no debía denunciar la misión de ellos a las autoridades de Jericó, y debía hacer colgar un cordón rojo de la ventana del muro. Solo aquellos que estuvieran en aquella casa en el momento de la conquista serían rescatados. Todos los demás serían destruidos.

Luego de convenir sobre todas las condiciones, ella los hizo descender con una cuerda pesada por la ventana del muro y les dijo que se escondieran en las montañas hasta que el grupo de persecución hubiera vuelto a Jericó con las manos vacías. Luego ató la cuerda roja en la ventana. Y esperó.

En Josué capítulos 3 y 4, leemos la historia de una enorme nación, con personas que cruzaban un río caudaloso y de las cosas que les sucedieron mientras armaban campamento no muy lejos de Jericó. Mientras tanto, Rahab esperaba. Nuestra historia se resume en Josué 6:1-2:

> Ahora, Jericó estaba cerrada, bien cerrada, a causa de los hijos de Israel; nadie entraba ni salía.
> Mas Jehová dijo a Josué: Mira, yo he entregado en tu mano a Jericó y a su rey, con sus varones de guerra.

Y con eso, Dios le dio a Josué uno de los planes de batalla más extraños jamás registrados. Él tenía que organizar una procesión. A la cabeza, debían ir algunos hombres de guerra seguidos por siete sacerdotes que llevaran bocinas de cuernos de carnero. Luego, tendrían que seguir más sacerdotes que llevaran el arca del pacto, seguidos por más hombres de guerra. Los siete sacerdotes tenían que tocar las bocinas todo el trayecto alrededor de la ciudad, pero los israelitas que bordeaban el trayecto del desfile debían estar en silencio. Una vez que terminaran de marchar, todos regresarían al campamento de los israelitas para pasar la noche. Las personas se congregaron y marcharon el primer día. Otra vez el segundo día. El tercer día. El cuarto día. El quinto día. Otra vez el sexto día.

¿Qué hubieras pensado, de haber sido uno de los ciudadanos de Jericó situados sobre el muro que los veía marchar cada día, día tras día? ¿Te hubieras comenzado a preguntar qué clase de Dios daría semejantes instrucciones a ese pueblo?

¿O te pondrías un poco nerviosa al ver la procesión mientras te preguntas que pasará después?

El séptimo día, la procesión formó como de costumbre. Los israelitas observaban a los hombres de guerra, a los sacerdotes con las bocinas y a los sacerdotes que llevaban el arca alineados en la formación acostumbrada. Todos estaban en silencio. Se suponía que debían estarlo. Pero sospecho que aun sin dicha orden de Josué, muchos de ellos hubieran estado en silencio de todas maneras. Esta era la gran prueba. ¿Se manifestaría Dios a favor de ellos, o terminarían haciendo un ridículo como lo habían hecho toda la semana?

Una vuelta, dos vueltas, tres vueltas, cuatro vueltas, cinco vueltas, seis vueltas, siete vueltas. Y de repente, Josué dio una señal. Las trompetas sonaron. El pueblo gritó. Y LOS MUROS SE DERRUMBARON. Aquellos muros macizos —de seis metros de ancho— colapsaron hacia dentro de la ciudad. Los hombres de guerra israelitas entraron a la ciudad por sobre los escombros y la tomaron a filo de espada. La destrucción de Jericó fue total.

O casi total. A salvo había quedado una casa en una sección del muro. De la ventana de la casa, colgaba una cuerda roja. Había personas apiñadas alrededor de la ventana, que observaban atónitas todo lo que estaba sucediendo.

Josué llamó a los dos espías y les dio una buena asignación: "Vayan a la casa de Rahab y traigan a todos los que estén allí para que estén a salvo". En Josué 6:23, leemos: "Y los espías entraron y sacaron a Rahab, a su padre, a su madre, a sus hermanos y todo lo que era suyo; y también sacaron a toda su parentela, y los pusieron fuera del campamento de Israel".

¡A salvo! Rahab había apostado su vida en el Dios de Israel. Dios se había manifestado a favor de su vida y de la vida de todos los que estaban refugiados junto a ella dentro de aquella casa sobre el muro de Jericó.

La historia no termina allí. En Josué 6:25, el escritor nos dice que Rahab vivió entre los israelitas hasta el día que se escribió el libro de Josué. Y se unió al pueblo de Dios. El hecho de que ella había sido una ramera ya no tenía importancia. Su fe hizo que se uniera a la comunidad de Dios.

Uno de los detalles sobresalientes que vemos cuando

consideramos los encuentros de Jesús con mujeres en los cuatro Evangelios es que a menudo Él se rebajaba para levantar a las "mujeres caídas". Recuerdas la mujer con el frasco de alabastro de perfume de Lucas 7 y la mujer adúltera de Juan 8. Una y otra vez, vemos la compasión de Jesús al acercarse para ayudar a mujeres que habían quebrantado las leyes y habían vivido una vida que las personas "respetables" despreciaban.

Rahab nos recuerda que unirse a la familia de Dios no tiene nada que ver con nuestra bondad. Todo tiene que ver con la gracia de Dios. Por medio de una ramera, Dios nos enseña que somos salvas por *gracia*, no por ser buenas.

Pero nuestra historia aún no ha terminado. Busca Mateo 1 —esa genealogía monótona y aburrida— y lee el versículo 5: "Salmón, padre de Booz, cuya madre fue Rajab [Rahab]..." (NVI).

¿Rahab la madre de Booz? Eso significa que ella fue la tatarabuela de David, el rey más importante de Israel. Aun más asombroso, ella fue una de las predecesoras en la genealogía de Jesús, el Señor de la gloria, el Dios hombre, el Salvador del mundo.

Rahab, la prostituta. ¿No pensarías que Dios debió haber sido un poco más selectivo con respecto al linaje de su Hijo? Para personas para quienes los descendientes lo eran todo, ¿no tendría Dios en cuenta sus escrúpulos y elegiría un linaje puro para el Mesías? Aparentemente, el Señor quería que aprendiéramos algo más al considerar a Rahab.

Esta mujer se constituye en un tributo a las posibilidades que hay en cada una de nosotras. Dios vio en ella la posibilidad de una fe activa y vivificante. No importaba quién era ella. Él veía quién podría llegar a ser.

Lo mismo se aplica a nuestra vida. Nuestro pasado no tiene importancia. A Dios solo le importa nuestro futuro. La fe puede florecer en cualquier medioambiente. Las rosas pueden crecer entre pilas de estiércol. Sea lo que fuese que hubo antes en nuestra vida, no es importante como lo que tenemos por delante. Las decisiones que tomamos en el pasado nos trajeron hasta donde estamos hoy.

Las decisiones que tomemos hoy, mañana, la próxima semana o el próximo año determinarán nuestro destino. Algunas de esas decisiones se harán en fracción de segundo. Saldrán de quiénes somos y de qué creemos de nosotras, de nuestro mundo y de Dios. Estas decisiones determinarán las acciones que emprendamos. Rahab escuchó acerca del Dios de Israel. Ella respondió en fe a lo que había escuchado. Y tomó la decisión en fracción de segundo de optar por Dios al salvar a los dos espías. Su fe salvó su vida en medio de la destrucción. Así obtuvo la salvación de toda su familia. Obtuvo un lugar en Israel y el matrimonio con Salmón, quien, dice la tradición, fue uno de los dos espías. También obtuvo un lugar para ella en la genealogía del rey más importante de Israel y un lugar en la genealogía de nuestro Salvador Jesucristo.

Lo que ella había sido no era importante. Todo lo que importaba era lo que llegaría a ser por medio de su fe en acción.

¿A qué principios recurres cuando tienes que tomar decisiones de fracción de segundo en tu vida? ¿Están tus decisiones cimentadas en tu fe en el Dios de amor y compasión, cuyas manos están sobre tu vida para bien? ¿Muestran tus acciones tu fe al optar por Dios y su pueblo? Considera a Rahab. Considera a esta ramera que fue ejemplo de una fe vivaz para Israel y para nosotras en la actualidad.

Preguntas para el debate grupal o la reflexión personal:
1. Describe alguna decisión que hayas tenido que tomar.
2. ¿Qué factores te llevaron a tomar esa decisión?
3. Al mirar atrás a esa decisión, ¿piensas que fue buena o mala? ¿Por qué?
4. ¿Cómo influyó tu decisión en la dirección de tu vida?

4

DÉBORA

CÓMO LIDERAR CUANDO DIOS
TE HA LLAMADO PARA TAL PROPÓSITO

Pocas historias encienden mi imaginación y mi admiración tanto como las de las vidas de misioneros que son llamados a realizar cosas extraordinarias para Dios. Entre las proezas de grandiosos misioneros del pasado y del presente, pocas son tan asombrosas como la de una pequeña mujer escocesa llamada Mary Slessor.

Mary se había internado sola en la selva de Calabar, una región que ahora conocemos como Nigeria en el oeste de África. Dios la había llamado para alcanzar a tribus que misioneros norteamericanos o europeos aún no habían visitado. Su historia de vida está llena de actos repetidos de valentía sobrehumana solo porque estaba segura de que su Dios Todopoderoso la había llamado.

Después de llevar a cabo un ministerio fructífero entre los Efiks, comenzó a contactarse con los Okoyong en la densa selva de Calabar. Una noche, al escuchar los tambores, fue al mercado donde se habían reunido todos. Abriéndose camino entre la multitud, encontró hombres Egbo enmascarados que sujetaban las cuerdas que ataban las estacas de una muchacha extendida en el suelo y aterrada. La muchacha, que gritaba de terror, había sido sentenciada a que se le derramara aceite hirviendo sobre su vientre desnudo por una supuesta infracción a las leyes de los Okoyong. En *The Expendable Mary Slessor* [La prescindible Mary Slessor], James Buchan describe la escena:

El aceite estaba hirviendo sobre el fuego que ardía cerca de allí, y un hombre enmascarado vertía con un cucharón parte de este a una olla. Era una escena que hubiera aterrorizado a la persona más valiente: los jefes de la tribu sentados en círculo, el grotesco hombre enmascarado en el centelleo del fuego y las antorchas, la risa, los guerreros borrachos, los gritos, los tambores y la excitación sexual y la expectativa de los espectadores. Es posible que si Mary hubiera sabido lo que se iba a encontrar, hubiera pensado que sería sabio mantenerse alejada... Pero cuando entró al círculo, y los jefes de la tribu la vieron, no se le ocurrió a Mary darse la vuelta... Ella caminó y se paró entre el fuego y la muchacha. ¡Qué gran secuencia para una película! Todos miraron fijamente a la pequeña mujer blanca en silencio. Después, la explosión de palabreo mientras la multitud murmuraba con estupor...

El hombre enmascarado comenzó a blandir el cucharón alrededor de su cabeza y a hacer cabriolas hacia Mary. Ella seguía de pie y lo miraba fijamente. El cucharón pasaba silbando cada vez más cerca de su cabeza. La multitud observaba en silencio. El hombre de los Egbo iba de lado a lado, sus ojos la miraban fijamente a través de los agujeros de la máscara. Él tenía la opción de arremeter contra ella con el cucharón o de echarse para atrás. Mary lo seguía mirando fijamente. Él se echó para atrás. Mary caminó hacia él para acercarse a donde estaba sentado Edem [el jefe], y él casi se tropieza al abrirle paso a Mary. Semejante demostración de poder de una simple mujer dejó atónita a la multitud. Nunca habían visto algo así antes...

El castigo de la muchacha ahora se convirtió en un asunto trivial comparado a dicha exhibición de poder de la mujer blanca de Dios. Los jefes de la tribu le permitieron a Mary quedarse con la custodia de la muchacha, con la posterior consideración pendiente de su caso. En pocos días, según la típica costumbre de los Okoyong, el altercado indígena se olvidó, y la muchacha regresó tranquilamente con su esposo.

¿Cómo podría alguien —hombre o mujer— atreverse a enfrentar a toda una aldea? Buchan nos dice que Mary "nunca dudó de la presencia de Dios en su vida y de su dirección para aquella obra especial para la cual Él la había preparado". Mary Slessor pudo guiar a muchas tribus a Jesucristo y ser la primera en ir al interior de Nigeria, porque sabía que Dios la había llamado y le había dado dones espirituales y su misma presencia en la cual confiar, mientras llevara a cabo su misión.

Para muchas de nosotras, la vida no nos exige el intrépido coraje que Mary Slessor mostró una y otra vez en toda una vida de trabajo en Calabar. Pero cualquiera sea el lugar donde Dios nos coloque, podemos manejar mejor las demandas que se nos hacen cuando sabemos que hemos sido llamadas y preparadas por Dios.

¿Qué debe hacer una mujer si se da cuenta de que ha sido llamada y preparada para servir a Dios en el liderazgo? Una mujer del Antiguo Testamento se encontró en esa posición. Su nombre era Débora. Leemos acerca de ella en Jueces 4:4-5:

> "Gobernaba en aquel tiempo a Israel una mujer, Débora, profetisa, mujer de Lapidot; y acostumbraba sentarse bajo la palmera de Débora, entre Ramá y Bet-el, en el monte de Efraín; y los hijos de Israel subían a ella a juicio".

Débora, una profetisa. Esta es la primera sorpresa. Un profeta era alguien que transmitía las palabras de Dios. Los sacerdotes le hablaban a Dios de parte del pueblo. Los profetas le hablaban al pueblo de parte de Dios.

Las palabras que los profetas hablaban eran de dos clases principales. Algunas de las palabras eran *profecías*: pronosticar las cosas que sucederán en el futuro. Otras palabras eran *exhortaciones*: predicar sobre el pecado, la justicia y el juicio venidero para que las personas puedan optar por estar del lado de Dios. Los profetas, tanto en el Antiguo como en el Nuevo Testamento, se asemejaban a predicadores.

El apóstol Pablo definió la tarea del profeta en 1 Corintios 14:3: "Pero el que profetiza habla a los hombres para edificación, exhortación y consolación".

Esa fue la tarea que Dios le dio a Débora: hablar a los hombres y las mujeres de Israel para edificación, exhortación y consolación. Él le dio conocimiento del futuro y discernimiento para hacer volver a los israelitas. Ella era una profetisa.

Lo segundo que vemos en Jueces 4:4-5 es que Débora era la esposa de Lapidot. No conocemos nada acerca de Lapidot aparte del hecho de que se casó con Débora. Desde ese hecho, sin embargo, sabemos que Débora no era una mujer soltera que podía dar toda su vida al ministerio de Dios. Ella era una esposa. Tenía las responsabilidades de un hogar. Tenía un esposo que atender. No era libre para poder ignorar las tareas que absorbían gran parte del tiempo y la energía de la mayoría de las mujeres.

Pero fíjate en el orden del texto sagrado: ella primero era una profetisa, después una esposa. Ella tenía que equilibrar sus actividades día tras día. Debe de haber luchado con conflictos en su agenda. Pero primero era la portavoz de Dios. Escúchame bien: no estoy sugiriendo que todas corramos y pongamos la obra de Dios antes que nuestro hogar y nuestra familia. La mayoría de nosotras no ha recibido el don que Dios le había dado a Débora. No tenemos el mismo llamado. Pero tampoco podemos usar nuestro hogar y nuestra familia como una excusa para no usar los dones de Dios en la iglesia.

Lo tercero que aprendemos del texto bíblico acerca de Débora es que ella gobernaba a Israel. Otras traducciones dicen que *juzgaba* a Israel.

¿Qué significaba eso en la época de Débora? En la época patriarcal de la Antigüedad, se designaban "varones de virtud de entre todo Israel" para servir como jueces (Éx. 18:25-26). Cuando las tribus de Israel se asentaron en Canaán, la mayoría de los jueces eran principalmente líderes militares que llegaban al poder en tiempos de crisis nacional. En un sentido, ellos eran generales más que jueces según entendemos la palabra hoy.

Pero los jueces también eran líderes que gobernaban porque tenían sabiduría y podían administrar justicia en la familia, tribu o nación. Ellos gobernaban y protegían con sabias acciones militares. Cuando miramos la época del Antiguo Testamento, conocida como el período de los jueces, vemos que Israel funcionaba como una confederación de tribus libre, cuyo vínculo común era su antecesor Jacob y la adoración en el tabernáculo de Silo. Israel, a duras penas, era una nación durante esa época, un período de aproximadamente trescientos años que abarcó desde la muerte de Josué hasta la coronación de Saúl como el primer rey de Israel. Durante esos tres siglos, se repitió muchas veces el mismo patrón. Sin un gobierno central establecido, cada una de las tribus hacía lo que bien le parecía. De hecho, el último versículo del libro de Jueces nos dice que "en estos días no había rey en Israel; cada uno hacía lo que bien le parecía" (21:25).

Fue una época de anarquía. También fue una época de apostasía. Los israelitas absorbieron muchas prácticas de adoración paganas de las naciones vecinas. Los sacrificios humanos, los rituales de prostitución y muchas otras prácticas paganas reemplazaron la adoración de Jehová Dios. Como consecuencia, una tribu y luego otra fueron conquistadas por un poderío extranjero, y esclavizadas y obligadas a pagar impuestos exorbitantes. Después de años de servidumbre, alguien en la tribu clamaba a Dios, iniciaba reformas y le rogaba que los hiciera libres. Un juez se levantaba y organizaba una campaña militar para quitarse de encima al opresor. Después, la tribu vivía en paz hasta que el pueblo se desviaba nuevamente de la ley de Dios.

Algunos jueces fueron mejores que otros. Si quieres pasar una tarde deprimente, lee el libro de Jueces. Conocerás a los personajes de quienes te hablaron en la escuela dominical: Gedeón, Sansón (y Dalila) y, por supuesto, Débora. También encontrarás a otros personajes menos conocidos. Algunos eran mejores generales que líderes. Pero cuando regresamos a Jueces 4, encontramos que Débora combinaba las mejores cualidades de un juez del

Antiguo Testamento. Ella era espléndida en estrategia militar y era excelente como jueza para arbitrar en los problemas del pueblo. Sabemos que le fue bien porque los israelitas se presentaban ante ella de toda la tierra para que juzgara sus disputas. Si no hubieran tenido una gran confianza en su sabiduría, hubieran ido a otro lado para solucionar sus problemas.

De esta manera, encontramos a la buena esposa Débora, que es profetisa y jueza del pueblo de Dios. ¿Cuál era la situación en la que se encontraba? Lo descubrimos en Jueces 4:1-3:

Después de la muerte de Aod, los hijos de Israel volvieron a hacer lo malo ante los ojos de Jehová.

Y Jehová los vendió en mano de Jabín rey de Canaán, el cual reinó en Hazor; y el capitán de su ejército se llamaba Sísara, el cual habitaba en Haroset-goim.

Entonces los hijos de Israel clamaron a Jehová, porque aquél tenía novecientos carros herrados, y había oprimido con crueldad a los hijos de Israel por veinte años.

En el capítulo 5, versículos 6-8, obtenemos una mejor idea de cuán mala era la situación en Israel:

En los días de Samgar hijo de Anat, en los días de Jael, quedaron abandonados los caminos, y los que andaban por las sendas se apartaban por senderos torcidos. Las aldeas quedaron abandonadas en Israel, habían decaído, hasta que yo Débora me levanté, me levanté como madre en Israel. Cuando escogían nuevos dioses, la guerra estaba a las puertas; ¿se veía escudo o lanza entre cuarenta mil en Israel?

La situación era mala, tanto que las personas ni siquiera podían transitar los senderos. Tenían que pasar sin ser vistos de poblado en poblado por caminos escondidos y rutas clandestinas. La vida de la aldea cesó. Los labradores tenían que trillar su grano en secreto dentro de cuevas durante la noche. La vida y la propiedad no valían nada. Las personas eran capturadas como conejos. Las mujeres eran violadas. Era una opresión cruel y brutal. Y continuó durante veinte años.

Observa que no toda la tierra estaba bajo esta opresión. Cuando miramos las tribus que no ayudaban en la guerra, vemos que la opresión se localizaba al norte de Israel.

La mejor arma de Jabín eran sus novecientos carros herrados. Estos funcionaban mejor al nivel del suelo. El hierro era pesado. Los caballos podían tirar de los carros con menos dificultad sobre una llanura, no sobre la colina. Débora juzgaba a Israel al principio de la Edad de Hierro, cuando los cananeos aledaños habían comenzado a fundir el hierro antes que los israelitas aprendieran esa destreza.

Mientras tanto, nuevamente bajo la palmera de la colina del monte Efraín, entre Ramá y Bet-el, Débora dispensaba justicia y sabiduría a todos aquellos que llegaban ante ella. Al mismo tiempo, no podía ignorar la difícil situación de sus conciudadanos del norte. Día tras día, escuchaba historias de crueldad cuando se sentaba bajo la palmera. Un día, había escuchado tanto que procedió a tomar acción. Lee lo que hizo en Jueces 4:6-7:

> Y ella envió a llamar a Barac hijo de Abinoam, de Cedes de Neftalí, y le dijo: ¿No te ha mandado Jehová Dios de Israel, diciendo: Ve, junta a tu gente en el monte de Tabor, y toma contigo diez mil hombres de la tribu de Neftalí y de la tribu de Zabulón; y yo atraeré hacia ti al arroyo de Cisón a Sísara, capitán del ejército de Jabín, con sus carros y su ejército, y lo entregaré en tus manos?

Débora envió a llamar a Barac y le dio aviso para marchar con su tropa. Observa que Barac acudió ante Débora cuando ella lo mandó llamar. Esto nos da alguna idea del poder y la influencia que Débora tenía en Israel. Observa también que su instrucción comenzó con las palabras: "...¿No te ha mandado Jehová Dios de Israel...?". La profetisa estaba en acción. Este era el mensaje de Dios para Barac, no el de Débora. Este hecho es importante para entender lo que siguió. Si el mensaje hubiera sido simplemente idea de Débora en cuanto a lo que podría funcionar, Barac hubiera tenido buenas razones para argumentar. Pero esta era palabra *de Dios* para él. Barac respondió en el versículo 8, diciendo: "...Si tú fueres conmigo, yo iré; pero si no fueres conmigo, no iré".

Predicadores y comentadores han descrito a Barac como débil y cobarde. Pero no era así. Barac estaba haciendo lo normal, lo natural, lo que se esperaba. Él no disputó las instrucciones de Dios. Él simplemente quería estar seguro de que tuviera a la portavoz de Dios a su alcance cuando la batalla se encendiera y necesitara instrucciones instantáneas sobre la próxima táctica para seguir.

Pero pese al hecho de que Barac estaba haciendo algo prudente, Débora, la profetisa, se dio cuenta del miedo y la reticencia que él sentía, y agregó otra profecía en el versículo 9: "Ella dijo: Iré contigo; mas no será tuya la gloria de la jornada que emprendes, porque en mano de mujer venderá Jehová a Sísara. Y levantándose Débora, fue con Barac a Cedes".

Me gusta Barac. ¿Cuántos hombres conoces que hubieran escuchado a una mujer como Débora? Su confianza en esta mujer nos dice mucho acerca de ella. También nos habla de un hombre que no tenía vergüenza de seguir el liderazgo de una mujer cuando creía que ella transmitía las propias palabras de Dios.

¿Qué sucedió? En el versículo 10, vemos que Barac reunió un ejército de diez mil hombres y se congregó con Débora en las laderas del monte Tabor. Aquello en sí era tácticamente sabio. Los carros herrados tenían que estar en la llanura. Mientras el ejército de Barac estuviera en las laderas de la montaña, estaban relativamente a salvo.

Mientras tanto, en los versículos 12 y 13, Sísara congregó a su enorme ejército sobre la planicie entre el río Cisón y su tierra natal de Haroset-goim. Con los ejércitos en su lugar, es claro que

Barac y su banda de hombres débiles y mal preparados no coincidían, humanamente hablando, con las fuerzas militares de Sísara sobre la planicie. Cualquiera que mirara a esos dos ejércitos que se enfrentaban aquel día se hubiera apenado por los israelitas y se hubiera alejado para no ver la masacre. Pero esa perspectiva de las cosas no tiene en cuenta a un artífice crucial de esta obra dramática: Dios. Cuando Débora le habló a Barac en el versículo 7, ella le transmitió las textuales palabras de *Dios* con la promesa de que Sísara sería quebrantado en el arroyo de Cisón y perdería la batalla ante el ejército israelita.

Las cosas rara vez son de la manera que parecen desde nuestra perspectiva humana. Para Barac, sobre los llanos del monte Tabor, la competencia debe de haberse visto horrorosamente desigual. *Pesimista* podría haber sido una palabra más apropiada. Puede que haya sentido cierta incertidumbre al estar allí. Pero la portavoz de Dios estaba al lado de él. Cualquiera haya sido la experiencia de Barac en la ladera de ese monte aquel día, él tenía fe. Lo sabemos por Hebreos 11:32, donde encontramos a Barac mencionado en el museo de la fama de aquellos que se distinguieron por su fe. Su fe lo ayudó a sobrellevar el día en los momentos subsiguientes. Lee lo que sucedió en Jueces 4:14-16:

> Entonces Débora dijo a Barac: Levántate, porque este es el día en que Jehová ha entregado a Sísara en tus manos. ¿No ha salido Jehová delante de ti? Y Barac descendió del monte de Tabor, y diez mil hombres en pos de él.
>
> Y Jehová quebrantó a Sísara, a todos sus carros y a todo su ejército, a filo de espada delante de Barac; y Sísara descendió del carro, y huyó a pie.
>
> Mas Barac siguió los carros y el ejército hasta Haroset-goim, y todo el ejército de Sísara cayó a filo de espada, hasta no quedar ni uno.

¿Qué sucedió? El cumplimiento del tiempo fue puntual.

"Levántate" —exclamó Débora—, y Barac se *levantó* en fe. Tal vez, estaba nervioso. Tal vez, le temblaban las rodillas. Pero se levantó. Y Dios hizo el resto. ¿Has observado que cuando Barac avanzó en fe, el *Señor* quebrantó a Sísara y todos sus carros y ejército? ¿Cómo lo hizo Dios?

El cántico de victoria de Débora en Jueces 5:4 nos ayuda a entender la intervención de Dios: "Cuando saliste de Seir, oh Jehová, cuando te marchaste de los campos de Edom, la tierra tembló, y los cielos destilaron, y las nubes gotearon aguas".

El historiador Josefo nos dice que cuando Sísara y su ejército marcharon al este para encontrar a los israelitas que manaban del monte Tabor, una tormenta de agua nieve azotó de lleno al ejército cananeo, cegando a los arqueros y los que conducían los carros, así como a los caballos. Sea que haya sido agua nieve o lluvia, Dios había desatado su poder desde los cielos.

Lee conmigo Jueces 5:19-21:

> Vinieron reyes y pelearon; entonces pelearon los reyes de Canaán, en Taanac, junto a las aguas de Meguido, mas no llevaron ganancia alguna de dinero. Desde los cielos pelearon las estrellas; desde sus órbitas pelearon contra Sísara. Los barrió el torrente de Cisón, el antiguo torrente, el torrente de Cisón. Marcha, oh alma mía, con poder.

La lluvia descendió e inundó la tierra. A medida que la llanura se transformaba en un cenagal, las ruedas de los carros herrados se enterraban en el fango y pronto quedaban atascadas. Sísara y su ejército tuvieron que abandonar sus poderosos carros de guerra y seguir a pie. Al mismo tiempo, el río Cisón, normalmente un arroyo que fluía débilmente, subió de nivel hasta transformarse en un poderoso torrente que arrastró a muchos soldados cananeos río abajo. Escucha la rima poética del cántico de Débora: "Los barrió el torrente de Cisón, el antiguo torrente, el torrente de Cisón. Marcha, oh alma mía, con poder".

Me encanta la última línea. Cuando vemos lo que Dios hace con lo insignificante, tomamos coraje. Nosotros marchamos, porque somos fuertes en la fortaleza del Señor nuestro Dios. El río Cisón —raras veces un río, a menudo apenas un arroyo seco— pudo llenarse y anegarse, y arrastrar a un ejército a su ruina. Cuando Dios está en marcha, las estrellas pelean de su lado. Los cielos responden a su orden. Todas las fuerzas de la naturaleza están bajo su control. ¡Con razón podemos marchar con poder! Aquel día, dos sucesos más unieron los esfuerzos humanos a la obra divina. Observa primero Jueces 4:23-24: "Así abatió Dios aquel día a Jabín, rey de Canaán, delante de los hijos de Israel. Y la mano de los hijos de Israel fue endureciéndose más y más contra Jabín rey de Canaán, hasta que lo destruyeron".

Dios motivaba a través de Débora. Él ayudaba sobrenaturalmente por medio de la naturaleza. Pero Barac seguía teniendo la tarea de emprender la acción y terminar la labor. Él podría haberse sentado sobre una roca bajo un árbol del monte Tabor, y decir: "Dios, tú estás haciendo una gran obra, por favor, no permitas que te interrumpa". Pero no lo hizo. Él hizo lo que tenía que hacer. Al final, Jabín y su poder opresor fueron destruidos.

El segundo suceso notable de aquel día no es para los débiles. Puede que ya conozcas la historia de Jael, la esposa de Heber ceneo. Recuerda que en Jueces 4:9 Débora le dijo a Barac que él no tendría el honor de matar al cruel Sísara. Ese honor sería para una mujer.

Cómo sucedió es la parte no tan bonita de la historia. Sísara, exhausto de huir del campo de batalla, fue a la tienda de la familia nómada de Heber ceneo. Jael invitó a Sísara a descansar. Él pidió agua, y ella le ofreció además leche cuajada. Lo cubrió con una manta y prometió mentir con respecto a su paradero si alguien iba a preguntar por él. Pero una vez que se quedó dormido, ella tomó un martillo y una estaca de tienda y le perforó la sien de lado a lado, y clavó su cabeza en el suelo. La *New English Bible* [Nueva Biblia Inglesa] es más gráfica, con detalles de los sesos que se derraman sobre el suelo y los miembros del cuerpo de Sísara que sufren espasmos. A veces, he sentido reticencia hacia la historia de Jael matando a Sísara. Primero, ella violó la ley del Medio Oriente de la hospitalidad. Segundo, lo hizo de una manera cruel. Pero al pensar en Jael, me he dado cuenta de que ella hizo lo que tenía que hacerse con lo que probablemente eran los únicos utensilios que tenía a la mano. Un martillo y una estaca de tienda eran materiales corrientes en una familia nómada.

¿Tenía que matar a Sísara? ¡Alguien tenía que hacerlo! La crueldad de Sísara era legendaria. Si él seguía con vida, encontraría nuevas maneras de aterrorizar a personas inocentes. Si Heber, el esposo de Jael, hubiera matado a Sísara, no le daríamos tanta importancia. El Antiguo Testamento registra incontables historias de hombres que se volvían violentos con facilidad. Pero ¿una mujer? ¿Con una estaca de tienda y un martillo?

La tradición rabínica nos dice que la hija de Jael había sido cruelmente violada por Sísara y algunos de sus compinches. No tenemos ninguna verificación bíblica de ello. Pero si los rabinos están en lo cierto, Jael tenía suficientes motivaciones personales para matar al hombre que había violado a su hija.

Lo que sabemos es que la palabra profética de Dios a través de Débora se cumplió. Sísara encontró su final en manos de una mujer. En su cántico, Débora canta: "Bendita sea entre las mujeres Jael, mujer de Heber ceneo; sobre las mujeres bendita sea en la tienda" (5:24). Sumamente bendecida es Jael por hacer la obra de Dios al destruir a un hombre maligno.

Nuestra historia de Débora termina en Jueces 5:31, donde aprendemos que "...la tierra reposó cuarenta años". El regalo que Dios le hizo a Israel en una hora de terrible necesidad se plasmó en el cuerpo, la mente y el corazón de una mujer. Débora hace añicos algunos de nuestros estereotipos de lo que debería ser el liderazgo.

Ella también tenía el don espiritual de la sabiduría para juzgar sabiamente al pueblo de Dios. Era la portavoz de Dios a quien escuchaban tanto generales como plebeyos. Era una líder fuerte, cuya voz comandaba enérgicamente en la tierra. Su poder e influencia eran tales que, de no haber sido atemperados por su justicia, podría haberse convertido en alguien déspota. Pero no fue así.

Una maravillosa humildad envolvía el uso que Débora hacía de sus dones, su poder y su influencia. Observa cuán a menudo se asoma la humildad por los rincones de su vida. Ella tenía la palabra de Dios sobre cómo terminaría la batalla. Podría haber tomado una espada y haber marchado en frente del ejército israelita. Pero se mantuvo a un lado y le encomendó la tarea a Barac.

Débora se aseguró de que Barac supiera que *Dios* le daría la victoria en la batalla. Ella no se adjudicó ningún mérito por la brillante estrategia militar.

En las primeras líneas de su cántico (Jue. 5:2), alabó a Dios por el pueblo de Israel que estaba dispuesto a tomar la iniciativa y ofrecerse para la obra divina. Queda claro que a Débora no le importaba quién recibía el mérito. No le interesaba quedar bien.

Fundamental para su uso de los dones, su poder y su influencia, estaba su fe inconmovible en el Señor, el Dios de Israel. Su cántico en Jueces 5 es una muestra de su confianza en Dios. Ella veía claramente las fallas de sus conciudadanos. No era feliz con las tribus que no se esforzaron para ayudar a derrocar el poder de Jabín. Pero mientras veía las debilidades de las personas con las que tenía que trabajar, más allá veía el poder y el cuidado de Dios.

Esa confianza inconmovible en el Señor permitió que Débora hiciera uso de todo lo que Dios le había otorgado en el liderazgo público. Ella sabía que *Dios* le había dado sus dones y que Él la había llamado para usarlos para el bien de su pueblo. Sabía, de la historia de Israel, que Dios se complace en usar lo débil del mundo para avergonzar a lo fuerte (1 Co. 1:27). Sabía que si Dios es por nosotros, nadie puede estar contra nosotros (Ro. 8:31). Lo *sabía*. Tenía confianza. La misma confianza que hizo fuerte a una pequeña mujer escocesa llamada Mary Slessor.

¿Qué debería hacer hoy día una mujer si Dios le ha dado dones de liderazgo? Hacer lo que hizo Débora. Usar esos dones. Pero sostenerlos ligeramente con la mano abierta como dones de Dios para su vida. Esto significa no buscar ser el centro de atención. Significa no insistir en obtener el mérito por lo que se hizo. Significa dejar que Aquel que es el dador de todo buen don te dé un lugar para servir. Significa dejar que Dios te enaltezca por tu servicio. Significa dejar que Él avergüence lo fuerte al usarte a ti en tu debilidad. Él es Aquel que enaltece y Aquel que humilla.

¿Qué debería hacer hoy día una mujer que no tiene los dones de liderazgo que tenía Débora? No hay una mujer en la iglesia que no tenga una esfera de influencia. Puede que sea un pequeño círculo de amigos, o niños de la escuela dominical o un lugar en un grupo de cuidado. Siempre que Dios nos pone a cada una algo para hacer, las reglas son las mismas: debemos usar sus dones para cumplir nuestra labor. Nosotras debemos decidir si cumpliremos o no nuestro llamado mediante el uso de todo lo que Dios nos ha dado para su gloria. No buscamos ser el centro de atención ni insistimos en obtener el mérito de lo que hacemos. Dejamos que el Dador de todos los buenos dones nos dé un lugar para servir. Después dejamos que Él nos enaltezca por nuestro servicio. Dejamos que Él confunda al fuerte al usarnos en toda nuestra debilidad. Él es Aquel que enaltece y Aquel que humilla.

Preguntas para la discusión grupal o la reflexión personal:
1. ¿Cómo te sientes con respecto a las posiciones de liderazgo de la mujer en la iglesia o en la vida pública?
2. ¿Cómo debería usar sus habilidades una mujer que tiene dones de liderazgo?
3. ¿Cómo se aplica la parábola de Jesús sobre los talentos de Mateo 25:14-30 a las mujeres con dones de liderazgo?
4. ¿Qué cualidades o temple deberían caracterizar a una mujer que usa sus dones espirituales para Cristo y su reino?

5

RUT

Cómo ver a Dios

EN LA COTIDIANIDAD DE LA VIDA

¿Te gusta leer? A mí es lo que más me gusta y a veces es el pecado que más me obsesiona. Puedo perderme en un buen libro cuando debería estar haciendo otras cosas. A quienes les gusta la lectura saben que una buena historia puede sacarnos de la aburrida monotonía de nuestra vida y transportarnos a la tensión y el drama de la experiencia de otra persona.

Tengo una segunda pregunta: ¿sueles echar una hojeada a las últimas páginas para enterarte del final por adelantado? Si estás leyendo una obra de detectives, y es hora de preparar la cena, tal vez pienses que no puedes esperar para averiguar quién es el sospechoso. Y entonces, echas una hojeada a las últimas páginas. O si es un gran romance, y no puedes soportar el pensamiento de que el muchacho se quede con la muchacha equivocada, puede que eches una hojeada a la última página para saber quién termina en sus brazos.

Si te has sentado a leer el pequeño libro de Rut en el Antiguo Testamento, tal vez hayas sido tentada a echar una hojeada al último capítulo para saber cómo termina la historia. Si lo has hecho, probablemente te hayas desilusionado. Los versículos finales de Rut, capítulo 4 —el *punto culminante* de la historia— parece cualquier cosa menos culminante. Lo que encontramos allí es una genealogía: "Estas son las generaciones de Fares: Fares engendró a Hezrón, Hezrón engendró a Ram, y Ram engendró a Aminadab,

Aminadab engendró a Naasón, y Naasón engendró a Salmón", y así sucesivamente. ¿Puedes imaginar un final tan desabrido para una historia? Un autor tendría que trabajar duro para ocurrírsele un final más aburrido y menos culminante que ese.

Sin embargo, cuando miramos este pequeño libro de Rut, vemos un muy buen narrador en acción. Durante todo el relato, descubrimos que el autor da indicios de las cosas que siguen; pistas que atraen nuestra atención, que nos mantienen conscientes de la trama que se está urdiendo. Los acontecimientos podrían resultar de diferentes maneras. ¿Por qué el escritor querría estropear una buena historia con un mal final?

Para entender esos aburridos versículos del final del libro, que realmente constituyen el punto culminante —y un punto culminante sorprendente—, tenemos que ir para atrás y mirar el resto de la historia. Luego, de repente, una aburrida genealogía cobra vida y sentido.

Nuestra historia es una obra teatral en cuatro actos. Los cinco actores principales de nuestra obra son tres mujeres: Noemí, Rut y Orfa, y dos hombres: Booz y el pariente más cercano. El director de escena es Dios.

Cuando se levanta el telón del primer acto, encontramos en la escena central a una mujer entrada en años y amargada. Al escucharla, es claro que el director de escena no sabe lo que está haciendo. Pero eso es adelantarse a la historia. Comencemos con la descripción del escenario, mientras leemos el guión en Rut 1:1-5:

> Aconteció en los días que gobernaban los jueces, que hubo hambre en la tierra. Y un varón de Belén de Judá fue a morar en los campos de Moab, él y su mujer, y dos hijos suyos.
>
> El nombre de aquel varón era Elimelec, y el de su mujer, Noemí; y los nombres de sus hijos eran Mahlón y Quelión, efrateos de Belén de Judá. Llegaron, pues, a los campos de Moab, y se quedaron allí.
>
> Y murió Elimelec, marido de Noemí, y quedó ella con

sus dos hijos, los cuales tomaron para sí mujeres moabitas; el nombre de una era Orfa, y el nombre de la otra, Rut; y habitaron allí unos diez años.

Y murieron también los dos, Mahlón y Quelión, quedando así la mujer desamparada de sus dos hijos y de su marido.

El relato transcurre en la época de los jueces. Este período de la historia de Israel se caracterizó por la opresión barbárica y el derramamiento de sangre. Entre invasiones violentas, guerras civiles tribales y una criminalidad desenfrenada, los judíos tenían que batallar con constantes problemas. Ahora la hambruna se agregaba a su miseria. En Belén —casa de pan— no había pan. Por eso, Elimelec decidió llevar a su familia a la circunvecina Moab.

Aunque el viaje a Moab no era largo —no más de cincuenta kilómetros al este de Belén—, la distancia en la Biblia, como H. W. Morton ha señalado, a menudo se mide en distancia de Dios, no en kilómetros. Los moabitas adoraban al dios Quemos, no a Jehová. Elimelec y su familia dejaron lo familiar por lo poco familiar, lo conocido por lo desconocido.

Primero, en Moab, la familia enfrentó la pérdida del padre, Elimelec. Después, los hijos que se habían casado con mujeres moabitas, también murieron. La obra teatral comienza con tres viudas en un escenario sombrío y deprimente. Noemí, en la escena central, había escuchado que otra vez Belén era realmente la casa de pan. La hambruna había pasado. El alimento era abundante en Judá. Ella y sus dos nueras se preparaban para mudarse a Belén. El diálogo en nuestra obra teatral comienza en el versículo 8:

"Y Noemí dijo a sus dos nueras: Andad, volveos cada una a la casa de su madre; Jehová haga con vosotras misericordia, como la habéis hecho con los muertos y conmigo. Os conceda Jehová que halléis descanso, cada una en casa de su marido".

Noemí sabía que Orfa y Rut enfrentaban un futuro sombrío

e incierto si regresaban a Belén con ella, por eso era mejor que se quedaran en Moab. Ella las besó; una señal de exoneración de cualquier obligación hacia ella. Aunque las muchachas se habían quedado voluntariamente con Noemí después de la muerte de sus esposos, ahora no podían perder el derecho a su propia felicidad simplemente para cuidar de su suegra. Desesperada, impotente de hacer cualquier cosa por ellas, Noemí oró para que Dios cuidara de sus vidas y les proveyera esposos que las protegieran.

Pero observa lo que respondieron Orfa y Rut: "...Ciertamente nosotras iremos contigo a tu pueblo". Ya sea por lealtad a sus esposos muertos o por amor para con su suegra, Rut y Orfa seguirían viaje a Belén. Pero Noemí insistió nuevamente:

> Y Noemí respondió: Volveos, hijas mías; ¿para qué habéis de ir conmigo? ¿Tengo yo más hijos en el vientre, que puedan ser vuestros maridos?
>
> Volveos, hijas mías, e idos; porque yo ya soy vieja para tener marido. Y aunque dijese: Esperanza tengo, y esta noche estuviese con marido, y aun diese a luz hijos, ¿habíais vosotras de esperarlos hasta que fuesen grandes? ¿Habíais de quedaros sin casar por amor a ellos? No, hijas mías; que mayor amargura tengo yo que vosotras, pues la mano de Jehová ha salido contra mí (vv. 11-13).

¿Cuál era el tono del argumento de Noemí a Orfa y Rut? No era simplemente otro esfuerzo por persuadirlas para que no se quedaran con ella. También era un lamento que acusaba a Dios de arruinar su vida. Esto afirmaba la participación directa del Señor en su vida y la responsabilidad de Él por su situación. Básicamente, Noemí les dijo a Orfa y a Rut que si Dios estaba "contra" ella, permanecer con ella era llamar a la calamidad.

El segundo esfuerzo por persuadirlas logró convencer a Orfa, que besó a su suegra y emprendió el viaje de regreso a Moab. Pero Rut seguía sin convencerse. En los próximos versículos, escuchamos su inquebrantable decisión de permanecer con Noemí:

> Respondió Rut: No me ruegues que te deje, y me aparte de ti; porque a dondequiera que tú fueres, iré yo, y dondequiera que vivieres, viviré. Tu pueblo será mi pueblo, y tu Dios mi Dios.
>
> Donde tú murieres, moriré yo, y allí seré sepultada; así me haga Jehová, y aun me añada, que sólo la muerte hará separación entre nosotras dos (vv. 16-17).

Con ello Noemí desistió del intento de convencer a Rut para que regresara a Moab.

¿Podemos culpar a Orfa por regresar a Moab? No, en absoluto. Orfa hizo lo esperado. Fue Rut quien hizo lo inesperado. Entendemos la sensatez de la decisión de Orfa. No entendemos la increíble lealtad que manifestó Rut. Ella demostró lo que los hebreos llamaban *hesed*.

Hesed es una palabra hebrea que se puede traducir como "lealtad de amor". Es un amor que va más allá de lo esperado. Los hombres poderosos de David demostraron *hesed* para con su amado líder cien años más tarde, cuando dejaron el desierto y lograron entrar en Belén y salir de allí para llevarle a David agua del pozo de la ciudad. Dios nos demuestra *hesed* al sacrificar aun a su propio Hijo para redimirnos, para eximirnos del pecado. Rut fue un ejemplo brillante de *hesed* cuando estuvo en la encrucijada entre la familiar Moab y la poco familiar Judá.

Su lealtad de amor hizo que se decidiera por el pueblo y el Dios de Noemí. Vemos que tomó esa decisión sin un esposo ni una perspectiva de matrimonio, y se consagró a una mujer mayor. Puede que haya deseado tener una bola de cristal al encontrarse en ese polvoriento camino hace tantos años. Hubiera sido bueno para ella ver en qué terminaría su decisión. Pero no la tenía. Tuvo que optar por Dios y Noemí sin ninguna garantía.

La escena continúa. En el versículo 19, vemos a las dos mujeres cuando llegaron a Belén, donde todos se acercaron a saludarlas. "¿No es esta Noemí?". Habían pasado más de diez años desde que se había marchado. De repente, el escuchar su propio nombre, la veterana recordó la ironía de este. *Noemí* significa "simpática" o "encantadora". "*¿Encantadora?*" —ella exclamaba. "...No me llaméis Noemí [encantadora] sino llamadme Mara [amarga]...".

Mientras Noemí continuaba hablando, su enojo para con Dios rebasó una vez más. "...porque en grande amargura me ha puesto el Todopoderoso. Yo me fui llena, pero Jehová me ha vuelto con las manos vacías".

En todo este primer acto, escuchamos que Noemí habla de Dios. Ella es consciente de su obra en el universo y en su vida. Pero cuando habla de Dios, vemos que lo juzga mal y juzga mal a la vida. Ella afirma que salió de Judá *llena*. Pero ¿fue así? Justamente lo que provocó que su familia migrara a Moab fue la hambruna. Ellos salieron vacíos. La vida ya era difícil, sino no se hubiera ido de Belén.

Noemí también afirmó que Dios la había hecho regresar *vacía*. Pero ¿fue así? Era verdad que ella había perdido a su esposo y a ambos hijos. Pero en su lugar, Dios le había dado la increíble devoción de Rut, quien se comprometió a estar con ella más allá de la muerte.

Noemí juzgó mal su situación cuando juzgó mal a Dios. Ella se enfocó en lo negativo y se amargó. Al llamarse a sí misma *Mara* (amarga), ella veía a Dios y veía su vida a través de vidrios sucios.

Al igual que Noemí, podemos ser religiosas. Podemos hablar de Dios. Podemos orar a Dios. Pero si lo juzgamos mal y juzgamos mal su obra en nuestra vida, sin duda estaremos juzgando mal todo lo que nos toque.

Cuando termina el primer acto y el primer capítulo, se baja el telón lentamente sobre dos mujeres: la leal Rut y la amargada Noemí. Las últimas palabras del último versículo de este capítulo nos dan una pista de lo que sigue en el próximo acto. Rut y Noemí habían llegado a Belén cuando comenzaba la cosecha de cebada. ¿Qué presagiaba esto para dos pobres viudas recién llegadas a la ciudad?

Cuando se levanta el telón del segundo acto, descubrimos que Noemí tenía un pariente en la ciudad que era acaudalado y prominente. ¿Estaba destinado él para algún papel crucial en nuestra obra teatral?

Mientras tanto, como Noemí y Rut no tenían nada para comer, esta última decidió ir a espigar, que es ir detrás de los segadores durante la cosecha y recoger del suelo cualquier grano que quedara. En este acto, Noemí pasa a un costado, y Rut se mueve al centro de la escena.

En Rut 2:3, leemos: "Fue, pues, y llegando, espigó en el campo en pos de los segadores; y aconteció que aquella parte del campo era de Booz". Con esta declaración pareciera como si todo lo que sucedió después fuera puramente accidental. Pero el autor, en realidad, insinúa una causa para esta "casualidad" que estaba sucediendo. Detrás de lo que parece ser suerte humana, se encuentra un propósito divino. Aun en las "casualidades" de la vida, la mano de Dios obra a nuestro favor.

Mira ahora el versículo 4: "Y he aquí que Booz vino de Belén...". ¡Qué sorpresa! ¡Una coincidencia más! ¡El prominente y acaudalado pariente de Noemí era dueño de un campo y apareció en escena cuando Rut estaba allí!

Al percatarse de la presencia de Rut, él preguntó por ella y supo que era de Moab y que había regresado con Noemí. Ahora llegaba el momento de la verdad. La "casualidad" había propiciado que Rut y Booz estuvieran en el mismo campo. ¿Qué haría Booz?

Obviamente, las cosas terminaron bien. En conclusión, Booz le adjudicó a Rut la categoría de "espigadora más privilegiada" de su campo. Al seguir sus instrucciones cuidadosamente, Rut estaría protegida de los hombres jóvenes que podrían tratar de molestarla. Además, ella espigaría mucho más grano de lo que normalmente se acostumbraba.

No solo hizo Booz que le fuera más fácil a Rut recoger las espigas, sino que también la invitó a comer con sus segadores para que pudiera alimentarse adecuadamente. Al final de su primer día de espigar, regresó a la casa de Noemí con un manto lleno de grano desgranado. La Biblia nos dice que Rut llevó a la casa una efa de cebada; alrededor de trece kilos de grano. El éxito de Rut en su primer día de espigar superó ampliamente sus expectativas al ponerse a trabajar aquella mañana.

¿Qué sucedió cuando regresó a la casa de Noemí aquella tarde? Desde luego, la veterana quería un recuento completo de lo que había sucedido aquel día. Semejante manto lleno de grano significaba que había espigado en un buen lugar. ¿A dónde había ido? ¿En qué campo había espigado?

Observa la reacción de Noemí cuando Rut le respondía las preguntas. Al escuchar acerca de Booz, exclamó: "Sea él bendito de Jehová... Nuestro pariente es aquel varón, y uno de los que pueden redimirnos".

¿Qué significa esto? ¿Por qué es tan importante? El telón desciende lentamente en nuestro segundo acto. Pero la afirmación de Noemí acerca de este pariente redentor nos avisa que la obra no se terminó.

El tercer acto está por comenzar. Resulta ser el momento crucial de la obra de teatro. Dios había suplido alimento para las dos viudas. Pero aquello era solo una solución de corto plazo para sus necesidades. Rut necesitaba un esposo. Noemí necesitaba un hijo para preservar su herencia y prolongar el nombre de la familia. Cuando la cosecha de la cebada y el trigo terminaron, Noemí tramó un plan que era audaz, atrevido y un poco peligroso para Rut. Lee su plan en Rut 3:1-4:

> Después le dijo su suegra Noemí: Hija mía, ¿no he de buscar hogar para ti, para que te vaya bien?
>
> ¿No es Booz nuestro pariente, con cuyas criadas tú has estado? He aquí que él avienta esta noche la parva de las cebadas.
>
> Te lavarás, pues, y te ungirás, y vistiéndote tus vestidos, irás a la era; mas no te darás a conocer al varón hasta que él haya acabado de comer y de beber.

Y cuando él se acueste, notarás el lugar donde se acuesta, e irás y descubrirás sus pies, y te acostarás allí; y él te dirá lo que hayas de hacer.

De esta manera, Noemí comenzó a responder la oración que ella misma había hecho por Rut anteriormente en Rut 1:9 "Os conceda Jehová que halléis descanso, cada una en casa de su marido...". De cierta manera, Noemí ejemplifica para nosotras la manera en la cual Dios trabaja por medio de acciones humanas. No debemos esperar pasivamente que sucedan las cosas. Cuando se nos presenta una oportunidad, puede que necesitemos aprovecharla. Noemí hizo justamente eso, aunque también reconocemos que en ese plan había un riesgo real para Rut.

Booz y Rut estarían en un lugar solitario donde podrían hablar en privado. En épocas del Antiguo Testamento, sin embargo, el campo de trillado estaba asociado al libertinaje. Noemí estaba apostando al carácter de Booz, de que no tomaría una ventaja injusta sobre Rut. Noemí le estaba pidiendo a Rut que entrara a una situación incierta y comprometedora con mucha probabilidad de salir perdiendo.

¿Cuál *era* la probabilidad de salir perdiendo? ¿Se le había pedido a Rut que sedujera a Booz en el campo de trillado? La ley de los leviratos exigía que si un hombre moría sin un heredero, su hermano debía casarse con la viuda. El primer hijo que tuvieran, entonces, se convertiría en el heredero legal del difunto esposo, así prolongaría su nombre y heredaría su propiedad. Si no era posible que un hermano se casara con la viuda, esta podía pedirle a un pariente más lejano que lo hiciera. Aquí vemos a Rut que usó una costumbre antigua y extraña para proponerle matrimonio a Booz. Su intención al hacer esto era pedirle su total protección.

Siempre me sentí feliz de haber nacido mujer por muchas razones. Una es que como mujer de nuestra cultura, ¡nunca tuve que arriesgarme a ser rechazada al proponerle matrimonio a un hombre! Pero Rut vivía en una época y un lugar diferentes. Ella tenía que correr ese riesgo.

No se lo propuso como alguien lo haría hoy día. Más bien, le pidió a Booz que extendiera el borde de su capa sobre ella como un pariente redentor. Aquel acto simbolizaba su intención de protegerla. Era como dar y recibir un anillo de compromiso.

¿Lo hizo? Sí y no. Él le respondió: "Sí, me gustaría hacerlo. Pero yo no soy tu pariente más cercano. Hay otro hombre, cuyo vínculo familiar es más cercano a Noemí. Él tiene la primera opción. Depende de él".

Así que no. No se comprometieron aquella noche. Pero Rut sabía que Booz se casaría con ella si el pariente más cercano se volvía atrás. Booz resolvería las cosas adecuadamente y dejaría el resultado a Dios.

Rut permaneció en silencio a los pies de Booz durante toda la noche y, antes que amaneciera, regresó a Belén con discreción. El telón desciende en nuestro tercer acto, mientras Rut le cuenta a Noemí todo lo que sucedió.

Aun los planes de los hombres y las mujeres pueden ser usados por Dios para lograr sus propósitos. Este plan no salió mal, no porque las circunstancias no fueran las propicias para una relación sexual, sino por el carácter de Rut y Booz. Booz estaba preocupado por la reputación de Rut, por lo que ella estaba a salvo. Noemí apostó su plan a la integridad de Booz. Él demostró ser un hombre de honor. Sin embargo, la pregunta en el aire ahora es: ¿cuál de los hombres se quedará con la muchacha?

El telón del cuarto acto se levanta. Vemos a Booz a la puerta de la ciudad, donde sabía que encontraría al pariente más cercano. Estaba confirmado que Rut pronto tendría un marido. Lo que *no* estaba confirmado era quién sería él. Lo que hasta aquel momento había sido un asunto privado entre Noemí, Rut y Booz, ahora se había vuelto público. Este era un asunto familiar para resolver entre los parientes, en una reunión pública.

Después de reunir a diez testigos, Booz le habló al pariente más cercano con respecto a redimir la propiedad de Elimelec. ¡Bastante sencillo! "Seguro —respondió el pariente cercano—, yo la redimiré". Parecía muy simple. Él sabía que tendría que casarse con la viuda para hacer eso, pero su conjetura era que Noemí era demasiado mayor para tener hijos y que terminaría con la propiedad, sin herederos que la reclamaran. Financieramente, la inversión era un convenio ventajoso y sin riesgo. ¿Qué podría perder?

Booz le hizo un comentario crucial: Rut viene con la propiedad. Si el pariente más cercano la compraba, también la compraba a ella. El pariente estaría obligado a engendrar un hijo con Rut para perpetuar el nombre de Elimelec sobre su herencia. En otras palabras, el pariente no podría quedarse con la propiedad cuando el hijo fuera suficientemente grande como para reclamar su herencia.

De repente, la situación cambió para el pariente más cercano. En seguida renunció a sus previos derechos de redención. ¡Booz se quedaría con Rut! La multitud lo aclamó, y Booz llevó a su novia a la casa.

Lo que sigue en este acto ata los cabos perdidos de nuestra historia. No es solo que aquel varón se quedó con la muchacha, o que la muchacha se quedó con aquel varón. Todo esto tenía un propósito más grande.

Uno de los propósitos era perpetuar el nombre de Elimelec sobre su herencia. Para ello, Noemí debía tener un hijo. Pero ¡ella ya era demasiado mayor! No para la ley judía. Cuando su pariente Booz y Rut, su nuera, procrearon un hijo, vemos una procesión interesante que da vuelta por las calles de Belén. Las mujeres de la ciudad cargaron a este pequeño niño y lo colocaron en los brazos de Noemí. Noemí ahora tenía un hijo. La mujer amargada que, en el primer acto, se quejaba de estar vacía, ahora estaba *llena*. No solo estaba bien alimentada, sino que tenía un hijo para criar en nombre de su esposo. Este hijo era el heredero legal de Elimelec.

¿Termina aquí esta historia? No. Aún tenemos la extraña

genealogía como el punto culminante de nuestra obra. ¿Qué aprendemos de esto? Sigue leyendo desde donde dejamos anteriormente: "Salmón engendró a Booz, y Booz engendró a Obed, Obed engendró a Isaí, e Isaí engendró a David". *¡David!* De repente, la simple e ingeniosa historia humana de dos viudas pugnantes asume una nueva dimensión. Esta amargada veterana y esta extranjera moabita llegan a ser los hilos de acontecimientos llamativos que se entretejieron en la trama de la historia nacional de Israel.

Dios proveyó pan cuando Rut recogía las espigas. Dios proveyó seguridad cuando Rut se casó con Booz. Dios proveyó posteridad para Elimelec y Noemí. Aun más, Dios proveyó un gran rey para la nación de Israel a través de una mujer extranjera. Dios usó la fidelidad de una persona común y corriente para lograr grandes cosas.

Encontramos la misma genealogía en Mateo 1:3-6:

> Judá engendró de Tamar a Fares y a Zara, Fares a Esrom, y Esrom a Aram.
>
> Aram engendró a Aminadab, Aminadab a Naasón, y Naasón a Salmón.
>
> Salmón engendró de Rahab a Booz, Booz engendró de Rut a Obed, y Obed a Isaí. Isaí engendró al rey David...

Esta genealogía no cesa en David. Después de muchos más nombres impronunciables, leemos en el versículo 16: "Y Jacob engendró a José, marido de María, de la cual nació Jesús, llamado el Cristo".

La fiel Rut y el honrado Booz no solo fueron los bisabuelos del rey más grandioso de Israel, sino que también se constituyeron entre aquellos a través de los cuales Dios escogió enviar a su Hijo al mundo para traernos salvación.

Muchas veces en una deprimente tarde de martes podríamos encontrar difícil creer que Dios realmente esté obrando en nuestras vidas. Él parece esconderse de nosotros. Al igual que Noemí en el primer acto, podemos juzgar mal la vida porque no estamos seguros de que Dios esté participando activamente en ella.

Suceden cosas que parecen casualidad, como cuando Rut fue a espigar a los campos de Booz. La vida puede parecer una casualidad o un hecho fortuito. Pero por sobre todo lo que parece casualidad en nuestra vida, está la mano de Dios, que produce citas divinas con nosotros por medio de cosas que nos suceden. Él es el director de escena que está en control de todos los actores de la obra teatral. En medio de lo que parece terriblemente común y corriente, está haciendo algo extraordinario.

Se dice que lo que somos determina lo que vemos. Puede que busquemos a Dios y no lo encontremos porque lo confundimos con ángeles refulgentes. Él no solo se encuentra en lo milagroso y lo extraordinario. Está obrando en nosotros y a través de nosotros, en la cotidianidad de la vida. En una deprimente tarde de martes, puede que tengamos la idea de que la vida depende solamente de nosotros. Pero si somos de Dios, aun cuando no veamos su mano, podemos estar seguros de que Él está moviendo los sucesos a nuestro favor.

Rut tomó una decisión en un camino polvoriento entre Moab y Belén. Ella escogió darles su lealtad a Dios y a su pueblo. Esa decisión podría parecer insignificante, pero cambió a Noemí y cambió la historia.

Cuando tú y yo optamos por Dios y su pueblo, puede que no escuchemos el repique de las campanas. Pero el silencio no significa que la decisión no vaya a transformarnos la vida. Como mujeres cristianas participamos de un drama increíble. No hay días comunes y corrientes. No hay decisiones insignificantes. Si viéramos nuestra vida como Dios la ve, nos abrumaría. En una deprimente tarde de martes, podemos recordar que si optamos por Dios y su pueblo, Él usará esa decisión más allá de lo que podemos imaginar.

Preguntas para la discusión grupal o la reflexión personal:
1. Describe algún acontecimiento de tu vida que pareció una casualidad.
2. ¿Qué sucedió para que mires atrás y llegues a la conclusión de que realmente fue la mano de Dios?
3. ¿Cómo ha influido aquello en la manera que ahora ves otras "casualidades"?
4. ¿Qué crees con respecto al cuidado de Dios sobre tu vida?

6

ANA
Cómo tratar con la depresión

Depresión. Les sucede a las mejores personas.

En su libro *Some Run With Feet Of Clay* [Algunos corren con pies de barro], la actriz Jeannette Clift nos cuenta una conversación que mantuvo con una buena amiga:

> El otro día, llamé a una de las cristianas más fructíferas que conozco.
>
> —¿Cómo estás? —le pregunté, pensando que era una pregunta un poco superflua.
>
> Ella siempre estaba bien, ¡y tenía diecinueve versículos de las Escrituras para demostrarlo! Sin embargo, no me respondió de la manera que acostumbraba. Más bien, hizo una larga pausa, y luego todas las palabras se encapsularon en un suspiro.
>
> —¡Ay, Jeannette, estoy muy mal! Estoy tan deprimida que no sé qué hacer. Tuve que dejar de dar las clases bíblicas. No estoy haciendo nada. No salgo, no veo a nadie. Todo lo que apenas puedo hacer es levantarme a la mañana, y algunos días ni siquiera eso. ¡Siento tanta vergüenza de mí misma, que no lo puedo soportar!

Jeannette explica:

> Esta no era una novicia espiritual errática; ¡era una soldado cristiana! Yo la había visto en acción, y alababa a Dios

por su precisión al enseñar y aconsejar. Mi corazón se compungía por ella. Esta querida amiga no solo estaba sumida en su depresión, sino que se avergonzaba de estar deprimida... En realidad, cualquier cristiano que se escandaliza por la depresión de otro cristiano sinceramente no ha tratado con la suya propia.

En los últimos años, he pasado muchas horas con dos amigas cercanas atrapadas en la telaraña paralizante de la depresión. Una de ellas es una amiga de la universidad, cuya fe y compromiso con Cristo me llevaron a tener una relación personal con Dios. Ella y su esposo han ministrado de manera impresionante en nombre de Cristo en África del Este por más de treinta años. Sin embargo, durante esta licencia de descanso, ella se ha sumido en una severa depresión.

Mi segunda amiga era una colega del ministerio en Francia. Dotada de un entendimiento espléndido, no siempre encontró puertas abiertas para el uso de sus dones. Concentrando sus energías en su familia, ella y su esposo han criado exitosamente a dos hijos modelo. Ahora que los muchachos han crecido, no pudo encontrar una vía de escape para todo lo que tiene para dar. Ya hace varios años que vive en el miasma de la depresión.

Cynthia Swindoll, directora ejecutiva de *Insight for Living* [Visión para vivir], miró atrás, a los quince años durante los cuales su vida se vio ensombrecida por la depresión. En el prefacio para el libro de Don Baker, *Depression* [Depresión], ella describe su experiencia:

[Estaba] a oscuras como miles de medianoches
    en un estero de cipreses.
[Estaba] en soledad, algo indescriptible.
[Trajo] confusión con respecto a Dios.
[Experimenté] frustración con la vida y las circunstancias.
[Era] el sentimiento de haber sido abandonada, despreciada.

[Me sentía] menospreciada.
El dolor era mortificante.

Depresión. ¿Has notado los sentimientos que tenía Cynthia Swindoll? Ella se sentía sola, confundida, frustrada, despreciada y menospreciada. Ella dijo que el dolor era mortificante. La depresión viene de muchas formas, con muchos síntomas. Tal vez, estés experimentando alguno de estos en este momento. El Dr. Timothy Foster enumera siete síntomas principales de la depresión en su beneficioso libro, *How To Deal With Depression* [Cómo tratar con la depresión].

1. Perdemos los sentimientos emocionales y decimos "no siento nada". Es un decaimiento del ánimo en el cual decimos: "No me siento ni mal, ni bien. Simplemente, no siento nada". (Foster nos recuerda que cada depresión emocional comienza con un caso de "no siento nada" que persiste y se deteriora gradualmente).

2. Nos volvemos demasiado conscientes de nuestras propias acciones. La mayor parte del tiempo, hacemos las cosas automáticamente: manejamos el automóvil, cruzamos las piernas, nos rascamos la nariz o comemos nuestra cena sin ser conscientes de nuestras acciones. Pero, de repente, tenemos que pensar en lo que, por lo general, son decisiones inconscientes. Entonces, nos volvemos conscientes de nuestras propias acciones.

3. Nuestro patrón de sueño se altera. Si normalmente dormimos toda la noche, puede que experimentemos insomnio. Si, por lo general, funcionamos bien con siete u ocho horas de sueño en la noche, puede que queramos dormir todo el tiempo.

4. Nuestro patrón de alimentación se altera. Si siempre mantuvimos nuestro peso bajo control con un patrón de alimentación disciplinado, puede que queramos comer

constantemente. O puede que perdamos nuestro apetito habitual y no podamos forzarnos a comer.
5. Nuestro patrón de llanto se altera. Esto también adopta dos formas. Si lloramos regularmente, puede que algo retenga nuestras lágrimas habituales. No podemos llorar. A veces se bloquea el flujo usual de nuestras emociones. O puede que sintamos ganas de llorar constantemente. Las lágrimas siempre están solo a un centímetro de la superficie.
6. Perdemos confianza en nuestra capacidad de funcionar. Con eso podríamos llegar a experimentar una pérdida de energía o falta de iniciativa.
7. Nuestro estado de ánimo se decae. Nos sentimos tristes. La depresión a menudo comienza con un sentimiento de "nada", y finalmente el estado de ánimo se decae para dar lugar a una combinación de tristeza y desinterés. Foster afirma que la presencia de solo uno o dos de estos síntomas no debería alarmarnos. Pero si experimentamos tres o más de estos síntomas, podríamos estar en depresión.

¿De dónde viene la depresión? En la mayoría de los casos, puede atribuirse a la manera de pensar de nosotras mismas.

Algunas depresiones —alrededor del 5%— se deben a un desequilibrio bioquímico y deben tratarse con medicación de por vida. Se estima que el otro 95% de las depresiones tienen su origen en factores emocionales.

La depresión es una manera de manejar el estrés. Algunas personas manejan el estrés con alguna enfermedad física. Otras manejan el estrés exigiéndose demasiado. Y aun otras manejan el estrés con un decaimiento del ánimo, en el cual se excluyen de participar plenamente de la vida.

Muchas depresiones se originan por algún suceso traumático que pasamos. Podemos indicar esos sucesos y explicar por qué estamos deprimidas. Tal vez, nos sentimos rechazadas por alguien que valoramos. O acabamos de atravesar un divorcio devastador.

O tal vez, alguien cercano a nosotras acaba de morir. Quizá, sea la pérdida del trabajo con la amenaza de perder la casa. La depresión por pérdida es la clase más fácil de entender.

Otras depresiones no pueden relacionarse con algo específico que nos haya sucedido. Nos sentimos deprimidas "sin ninguna razón en absoluto".

El estrés a menudo se instala en nuestra vida cuando nos enfocamos en nosotras mismas negativamente. Llega cuando nos sentimos impotentes de cambiar nuestra situación. No vemos alternativas. A donde miremos, encontramos puertas cerradas u obstáculos que nos bloquean el camino a la felicidad. Lo que es simplemente una barrera menor para una mujer llega a ser un obstáculo insuperable para otra.

Para muchas mujeres de mediana edad, la depresión llega cuando se dan cuenta de que nunca alcanzarán lo que soñaron ser. Los psicólogos denominan esto *melancolía involutiva*. La impotencia llega a ser gradualmente tanto una causa como un efecto de la depresión.

Toda persona deprimida experimenta una disminución de la confianza en sí misma. Si tengo baja autoestima, soy más vulnerable a la depresión. Algo me sucede que confirma mi idea de que no soy buena. El escenario podría ser algo así:

Yo trabajo en el Seminario de Denver, donde edito la revista semanal *Focal Point* [Punto focal]. Suponte que mi jefe viene a mi oficina y me pregunta si terminé cierto artículo para el siguiente número. No lo terminé, por lo que siento su decepción. Comienzo a plasmar eso en todo tipo de sentimientos que, en realidad, él no tiene. Si mi autoestima es baja, puede que concluya en que él está disgustado conmigo por no haber terminado mi labor. De hecho, supongo que está tan disgustado que probablemente me despedirá. Creo que me merezco cualquier cosa que él me diga porque no soy una persona capaz. Realmente soy un fracaso. Debido a que soy muy inútil y una verdadera incompetente en la oficina, lo mejor que puedo hacer por el Seminario de Denver es renunciar a mi puesto, para que mi jefe pueda contratar a otra persona que haga el trabajo correctamente.

¿Alguna vez has alojado esta clase de pensamientos en tu mente? Yo sí. Lo que sucede es que archivo este incidente en mi memoria donde ya he archivado muchos otros incidentes de "rechazo". Entonces, el nivel de confianza en mí misma se hunde cada vez un poco más debajo del peso de este pesado archivero de mis fracasos.

A medida que voy perdiendo confianza en mí misma, me abstraigo de las personas que me rodean, de la vida en general y, a menudo, de Dios. Probablemente, no soy consciente de mis razones para abstraerme. Pero cuanto más me abstraigo, más me echo la culpa. Esto solamente incrementa el problema. Cada vez que hago esto, la confianza en mí misma toca lo más bajo. Un círculo vicioso comienza a girar, lo cual me lleva a abstraerme más y a sentirme más culpable y más despreciada.

Atrapada en ese ciclo, me siento totalmente impotente. Nada de lo que haga vale la pena. Estoy a merced de fuerzas que me abruman en mi incompetencia. Siento que soy absorbida en un vertiginoso remolino descendente de depresión.

Los pensamientos negativos de nosotras mismas se vuelven automáticos rápidamente. No tenemos que trabajar para pensar con negativismo. Los pensamientos negativos se convierten en hábitos bien arraigados que se han fortalecido por años de práctica. No llegamos a pensar negativamente a través de la lógica. Llegamos a pensar así, en mayor medida, sin ninguna evidencia objetiva. Pero esto no nos detiene.

La depresión crea un estado mental en el cual casi todo lo que experimentamos nos recuerda cuán miserable e impotente es nuestra condición. Esta es una razón por la que la depresión es tan dolorosa. Realmente creemos que tenemos la culpa de todo lo que pensamos que está mal. Nos hacemos responsables de todo lo malo que sucede a nuestro alrededor. Enfatizamos los fracasos, e ignoramos el éxito o le restamos importancia por considerarlo un hecho fortuito.

ANA

La mayor parte del tiempo, las personas deprimidas afianzan su sentido de valor propio a una idea muy angosta de lo que es el éxito. Las expectativas irrealistas y las metas imposiblemente altas nos llevan a una sensación abrumadora de fracaso y carencia de valor. Nos disponemos a fracasar. El hábito mental de exaltar a otros y desvalorizarnos a nosotras mismas es típico de la depresión. Terminamos con percepciones distorsionadas de otras personas que nos dejan con sentimientos desesperadamente inferiores. Nos vemos como personas tontas, feas, sin talento o no espirituales.

Ya hemos hablado bastante de una descripción clínica de la depresión. Puede ser de ayuda reexaminar los síntomas y el síndrome. Pero esto no es una revista médica, y la depresión no es un virus. Siempre es personal. Les sucede a personas reales. Podríamos entenderla mejor si miráramos un análisis detallado de un caso particular de depresión.

Nuestro ejemplo en esta oportunidad es una mujer llamada Ana. Su historia puede ayudarnos, mientras caminamos con ella por dentro y fuera de su depresión. La encontramos en 1 Samuel 1. A medida que la conocemos, descubrimos que tenía varias fuentes de estrés.

Primero, vivía en una época estresante de la historia de Israel. La nación era solamente una confederación libre de tribus unidas en la adoración a Jehová en el santuario de Silo. Invasores hostigaban una tribu, luego otra. Durante un período de varios cientos de años, uno u otro de los líderes fuertes pedía que un juez liberara al pueblo de Dios del dominio extranjero, solo para encontrar otra tribu israelita oprimida por un grupo diferente de intrusos. Al hojear los periódicos o escuchar los noticieros, podemos entender cómo influyen en nuestro estado de ánimo las tensiones del mundo y de nuestra ciudad.

La nación de Ana no solo era oprimida por naciones vecinas, sino que malos sacerdotes estaban corrompiendo la vida religiosa del pueblo. Los dos hijos del sumo sacerdote hacían burla de los sacrificios y, para empeorar el asunto, se acostaban con las mujeres que servían a la entrada del tabernáculo. No era una época que inspirara fe y devoción a Dios.

Sin embargo, en medio de la hipocresía religiosa, encontramos una familia piadosa que vivía en Ramá, en la porción de tierra adjudicada a Efraín. Elcana, el esposo de nuestra historia, era un levita o sacerdote. Cada año, él y su familia hacían un viaje de dieciséis kilómetros a pie para adorar en el tabernáculo o santuario de Silo.

Ana vivía en una época estresante tanto política como religiosamente. Pero además tenía que vivir con estrés en su familia. En 1 Samuel 1:2, nos enteramos que Elcana tenía dos esposas: Ana, que era amada, pero estéril, y Penina, que era menos amada, pero muy fértil. Parte del estrés de Ana se debía a tener que vivir en un matrimonio polígamo.

La poligamia era algo común en la vida de la antigua Israel. Las esposas eran un medio para procurar hijos. En el caso de Ana, es probable que ella haya sido la primera esposa de Elcana. Pero debido a que era estéril, él tomó una segunda esposa para procurar que el nombre de la familia no se perdiera por no tener hijos.

En esa época, una mujer que no podía engendrar hijos era considerada un eslabón inútil en la cadena que llevaba al Mesías prometido. La situación de Ana era deprimente. Año tras año, Penina engendraba hijos. Año tras año, Ana sufría emocionalmente por su esterilidad, sus esperanzas de quedar embarazada se desvanecían con cada período menstrual. El estrés de Ana en la familia no solo se debía a ser parte de un matrimonio polígamo. También se debía a su infertilidad y al vivir junto a otra esposa que no tenía problemas en concebir y dar a luz.

Sin embargo, el estrés de Ana estaba compuesto por el hecho de que Penina nunca dejó de acosarla verbalmente por no tener hijos. En el versículo 6, leemos que Penina, "...su rival la irritaba, enojándola y entristeciéndola...". Sabemos por el versículo 7 que esto sucedía hacía tiempo, cada año.

ANA

Uno de los momentos más difíciles para Ana parece haber sido aquel peregrinaje anual a Silo. Imagínate tener que caminar dieciséis kilómetros con alguien que nunca deja de sacar a relucir tu incapacidad, al mismo tiempo que sus hijos se tropiezan contigo, se limpian su nariz en tu blusa o te piden que los alces. Con razón Ana llegó a Silo bajo una nube negra de depresión.

¿Cómo sabemos que estaba deprimida? ¿Cuáles eran algunos de sus síntomas? Las preguntas que Elcana le formula a su esposa en el versículo 8 nos dan pistas:

> ¿Por qué lloras?
> ¿Por qué no comes?
> ¿Por qué está afligido tu corazón?

Piensa otra vez en los siete síntomas principales de la depresión que enumeró Foster. Él dijo que tres cualquiera ya indicaban depresión. Ana estaba deprimida. Los esfuerzos bien intencionados de Elcana para consolarla no daban resultado. Nada parecía importarle. Su desesperación era subyugante. Ella se abstraía del consuelo de su esposo. Se abstraía del círculo familiar.

Si alguna vez has estado en el agujero negro de la depresión, podrás identificarte con Ana. Ella estaba deprimida, y era mucho lo que en su vida le causaba depresión. En medio de todo ello, sin embargo, Ana no dejó de aferrarse a Dios. Observa qué pasó a continuación. En los versículos 9 y 10, leemos:

> "Y se levantó Ana después que hubo comido y bebido en Silo; y mientras el sacerdote Elí estaba sentado en una silla junto a un pilar del templo [tabernáculo] de Jehová, ella con amargura de alma oró a Jehová, y lloró abundantemente".

Observa que, aunque hemos aprendido muchas cosas acerca de Ana en la historia de la Biblia hasta este punto, recién ahora vemos que habló. No tenemos indicio de si ella respondía las burlas de Penina o si trataba de hacer que Elcana entendiera su miseria cuando él intentaba consolarla. Hasta que habló en el versículo 11, ella era una silenciosa figura atribulada, muy parecida a muchas mujeres que sufren de depresión hoy día. La depresión tiene una manera de robarnos la capacidad de comunicarnos con las personas importantes que nos rodean. Puede que sintamos que nadie nos entenderá.

Ana lloró con amargura de alma. Pero hizo algo más. Oró al Señor. La primera vez que encontramos que habló, se dirigió a Dios:

> E hizo voto, diciendo: Jehová de los ejércitos, si te dignares mirar a la aflicción de tu sierva, y te acordares de mí, y no te olvidares de tu sierva, sino que dieres a tu sierva un hijo varón, yo lo dedicaré a Jehová todos los días de su vida, y no pasará navaja sobre su cabeza.

El voto de Ana se denominaba voto nazareo. Sansón, un juez anterior de Israel, también era un nazareo "...a Dios desde su nacimiento...", uno que "...[comenzaría] a salvar a Israel de mano de los filisteos" (Jue. 13:5). Los judíos creían que cualquier cosa que no había sido manoseada, labrada o cortada le pertenecía al Señor. Un campo era del Señor hasta que se lo araba. Una vez que el labrador removía la tierra, era de él no del Señor. Una persona dedicada al Señor desde su nacimiento no podía cortarse el cabello. Una vez que se lo cortaba, no tenía la misma relación con el Señor. Esto explica lo que le sucedió a Sansón cuando Dalila lo convenció con lisonjas de que le revelara el secreto de su fuerza. Luego con una navaja cortó su cabello.

Mira lo que dijo Ana cuando pactó por un hijo. Siente su desesperación y la urgencia de su petición. "...si te dignares mirar a la aflicción de tu sierva, y te acordares de mí, y no te olvidares de tu sierva, sino que dieres a tu sierva un hijo varón...". Podemos ver la pesadez de sus palabras al orar. Lo vemos en la forma que ora. Lee los versículos 12 al 16:

ANA

Mientras ella oraba largamente delante de Jehová, Elí estaba observando la boca de ella.

Pero Ana hablaba en su corazón, y solamente se movían sus labios, y su voz no se oía; y Elí la tuvo por ebria. Entonces le dijo Elí: ¿Hasta cuándo estarás ebria? Digiere tu vino.

Y Ana le respondió diciendo: No, señor mío; yo soy una mujer atribulada de espíritu; no he bebido vino ni sidra, sino que he derramado mi alma delante de Jehová.

No tengas a tu sierva por una mujer impía; porque por la magnitud de mis congojas y de mi aflicción he hablado hasta ahora.

Sumado a las burlas de Penina y al esfuerzo ineficaz de Elcana para consolarla, recibió esta cruel amonestación del sumo sacerdote. En medio de su aflicción, Ana también tuvo que lidiar con la crítica injustificada de alguien que la había malinterpretado.

En la oración del versículo 11, ella hizo el voto de que si el Señor le concedía el deseo de su corazón, ella le devolvería ese hijo a Él para que lo sirviera todos los días de su vida. Pero ese voto y su súplica no constituyen todo el tiempo que Ana estuvo orando. En el versículo 10, leemos que "...con amargura de alma oró a Jehová, y lloró abundantemente" y en el versículo 12: "Mientras ella oraba largamente delante de Jehová...".

Conmovido por las palabras de Ana, Elí le dijo en el versículo 17: "...Ve en paz, y el Dios de Israel te otorgue la petición que le has hecho". Observa que Elí no sabía lo que Ana le había pedido a Dios. Él simplemente añadió su oración a la oración de Ana al Dios de Israel. Sin embargo, algo le sucedió a Ana, mientras aún seguía orando. Sea lo que fuese, produjo el resultado que vemos en el versículo 18: "...Y se fue la mujer por su camino, y comió, y no estuvo más triste".

Ana se unió a la adoración al Señor a la mañana siguiente, regresó a Ramá con Elcana, y ¡*viva!*, al poco tiempo quedó embarazada y dio a luz a Samuel, cuyo nombre significa "escuchó Dios".

Ella pidió. Dios la escuchó y respondió su oración. ¡Con razón su depresión desapareció! Ya tenía el niño que había pedido. ¿Es eso realmente lo que sucedió? Si nuestra historia terminara en 1 Samuel capítulo 1, podríamos pensar que la única forma de salir de la depresión es que Dios intervenga de alguna manera milagrosa para llenar los lugares vacíos en nuestra vida. Pero la historia no termina en el capítulo 1. La clave para entender la dramática recuperación de Ana en el versículo 18 se encuentra en su cántico o salmo que encontramos en 1 Samuel 2:1-10.

La depresión de Ana desapareció cuando ella dejó de enfocarse en sí misma y en su situación, y se enfocó en Dios. En medio de su aflicción, pudo enfocarse en tres hechos importantes de Dios. Ella resaltó estos tres hechos en su cántico.

Lo primero que supo acerca de Dios se encuentra en 1 Samuel 2:2: "No hay santo como Jehová; porque no hay ninguno fuera de ti, y no hay refugio como el Dios nuestro". Ella reconoció la santidad de Dios.

¿Qué podría significar el hecho de la santidad de Dios para una mujer en depresión? Lejos de ser consolador, eso solo podría intensificar los sentimientos de inutilidad y culpa que a menudo son parte de la depresión.

Si definimos la santidad negativamente —como una separación de todo lo que es impuro—, podríamos sentirnos peor con respecto a nosotras mismas. Pero la santidad de Dios es mucho más. Charles Ryrie sugiere una analogía que podría ayudarnos a entender esta palabra *santo*. Ryrie pregunta: "¿Qué significa ser saludable?". Significa la ausencia de enfermedad. Pero todos sabemos que ser saludable es mucho más que simplemente no estar enfermo. También significa tener energía, ser físicamente capaz de cumplir con las demandas de nuestra vida diaria.

La santidad no es simplemente la ausencia de lo malo. Es también la presencia de lo positivamente bueno. Es la mano de Dios que obra lo que es positivamente bueno para nosotros. Dada la naturaleza de Dios, Él no puede hacer algo en nuestra vida que no sea para nuestro bien. Su amor es un amor santo, un amor puro, un amor comprometido para con nuestro bien.

Lo segundo que Ana supo acerca de Dios se encuentra en 1 Samuel 2:3 "...Porque el Dios de todo saber es Jehová, y a él toca el pesar las acciones". La versión de la Biblia al Día traduce este versículo: "...porque el SEÑOR es Dios de sabiduría".

No solo la santidad de Dios hace que Él esté comprometido para con nuestro bien; sino que debido a su sabiduría, Él no puede hacer algo en nuestra vida que no sea perfectamente bueno para nosotros.

Alguien ha dicho que "Dios no gastaría sus golpes en nuestra vida". Eso es verdad. Es verdad porque Dios *sabe* qué es mejor para nosotros. Ningún experimento fallido. Ningún error o falta. El Señor es un Dios de sabiduría. Eso nos da la confianza de su obra en nuestra vida.

Lo tercero que Ana supo ocupa gran parte de su cántico. Dios tiene poder. Lo vemos en 1 Samuel 2:6-8:

> "Jehová mata, y él da vida; el hace descender al Seol, y hace subir. Jehová empobrece, y él enriquece; abate, y enaltece... Porque de Jehová son las columnas de la tierra, y él afirmó sobre ellas el mundo".

El Señor de la creación tiene todo poder. Él puede hacer cualquier cosa que quiera.

Este hecho, sin conocer los dos primeros, podría aterrorizarnos. Si Dios tiene todo poder, y no supiéramos nada más acerca de Él, tendríamos motivos para una depresión masiva.

Todos nos esconderíamos de miedo en las penumbras para escapar de la ira o el capricho de Dios. Pero Él atempera su poder con su compromiso para con nuestro bienestar. Controla su poder con su sabiduría de lo que es mejor para nuestra vida.

Mi esposo Randy y yo tenemos cuatro hijos adultos. Siempre hemos querido lo mejor para nuestros hijos. Pero muchas veces, no supimos qué era lo mejor para ellos. ¿Qué escuela sería la mejor? ¿Qué actividades serían las más saludables? ¿Qué iglesia los edificaría? Al criar a nuestros hijos, tomamos miles de decisiones para su bien. Pero no siempre estuvimos seguros de que nuestras decisiones fueran sabias.

No solo carecíamos, Randy y yo, de sabiduría de lo que era lo mejor para nuestros hijos; sino que hubo veces cuando sabíamos qué era lo mejor, pero no teníamos el poder de hacer que la decisión que tomáramos fuera firme. Somos finitos, padres falibles que han cometido muchos errores en el camino. Queríamos lo que fuera mejor para nuestros hijos, pero carecíamos de la sabiduría y el poder que necesitábamos.

Dios no es finito. Dios no es falible. No solo *quiere* lo que es mejor para nosotras y *conoce* con perfecta sabiduría lo que es mejor, sino que además tiene el poder de hacer que suceda lo mejor en nuestra vida. El santo compromiso de Dios para con nosotras, su sabiduría respecto de lo que es mejor y el poder que tiene de hacer que suceda lo apropiado en nuestra vida, todo está entrelazado para nuestro bien.

¿Qué sacó a Ana de su depresión? Ella vio a Dios como realmente es. Dios respaldó su compromiso con su bienestar, con su sabiduría y su poder para hacer lo que había que hacer en su vida.

La historia de Ana tuvo un final feliz. Nació Samuel. Ella se lo entregó al Señor, y Dios le dio tres hijos y dos hijas más. Sin embargo, en 1 Samuel 1:18, cuando ella dejó de orar, comió y no estuvo más triste; ella no sabía en aquel momento cómo terminaría la historia, pero pudo hacer eso porque había llegado a conocer a Dios, y había entendido quién era y qué podía hacer.

Al principio de este capítulo, mencioné que los psicólogos creen que la depresión está relacionada con la manera en que pensamos de nosotras mismas. También es verdad que la depresión está relacionada con la manera en que pensamos —o no pensamos— acerca de Dios. Una vez que nos comprometemos con un Dios de la magnitud de Dios, tenemos los recursos para tratar con la depresión. Podemos enfocarnos en Él; su santidad, su sabiduría, su poder. Podemos enfrentar nuestros temores y nuestras ansiedades a la luz de su carácter y su compromiso para con nosotros.

Si la depresión es consecuencia de la manera en que pensamos de nosotras mismas, entonces podemos contrarrestarla con la manera en que pensamos de nosotras en relación con un Dios santo, sabio y poderoso que está comprometido con nosotras. Robert Browning nos recuerda que "mirar hacia abajo es lo que nos marea". Yo le tengo temor a las alturas. No me gusta estar en las alturas o en la cima de cosas como torres, o monumentos o rascacielos. Mirar hacia abajo me aterroriza. Browning tiene razón: "mirar hacia abajo nos marea". Mirar hacia abajo es algo que nos lleva a la depresión. Mirar hacia arriba disipa nuestros temores. Mira al Dios de Ana, a Aquel que disipó su depresión con una nueva comprensión de su amor, su sabiduría y su poder.

Preguntas para el debate grupal o la reflexión personal:

1. ¿Qué significa para ti el santo amor de Dios al enfrentar las adversidades de tu vida?
2. ¿Qué significa para ti la completa sabiduría de Dios al vivir cada día de tu vida?
3. ¿Qué significa para ti que Dios tenga completo poder para hacer todo lo que quiera?
4. ¿De qué manera te pueden ayudar o estorbar estos tres hechos de Dios al atravesar una depresión?

7

ABIGAIL

Al recorrer la cuadra de tu casa, ¿te has preguntado alguna vez cómo se llevan las personas que viven allí?

O quizás hayas mirado a la mujer sentada frente a ti en la iglesia y hayas pensado: *¡Caramba! No hay duda, ¡ella lo tiene todo! Su apuesto esposo cristiano es un líder de la iglesia. Y la trata como a una reina. Sus hijos obedientes parecen no darle ningún problema. Tienen suficiente dinero para hacer todo lo que quieran e ir a donde quieran. Me pregunto cómo será formar parte de una familia cristiana tan perfecta.*

A veces miramos a los que nos rodean y sucumbimos ante la autocompasión de pensar cuánto mejor es la vida de los demás comparada a la nuestra.

Ese es el problema de juzgar desde afuera. Lo que pasa tras las puertas cerradas de un hogar cristiano podría ser bastante diferente de lo que *debería* pasar en una familia. La familia "muy perfecta" del banco de al lado podría resultar ser cualquier cosa menos perfecta.

Hace algunos años, hablé en un retiro de mujeres en un estado del sur del país. Las mujeres provenían de una iglesia estricta donde todas parecían acatar la más mínima regla o mandamiento. Tomaban apuntes y parecían anotar prácticamente todo lo que yo decía. Pero mientras hablaba, me preguntaba si eran *reales*. Si se les hacía un corte, ¿sangrarían?

Un sábado a la noche, después de mi tercera charla, obtuve la respuesta. Tres mujeres se acercaron a mí luego del servicio. Cada una tenía esencialmente la misma historia que contar. Este es el relato de una de las mujeres.

Mientras ella se acercaba a mí, noté con claridad que estaba terriblemente asustada. Podía ver el temor en sus ojos y el nerviosismo en sus dedos retorcidos. Parecía sumamente atribulada. Mientras trataba de tranquilizarla y de indagar la causa de su angustia, poco a poco me fue contando su historia.

Ella había estado casada durante trece años con un hombre que se había graduado del seminario y que había pastoreado tres iglesias durante su matrimonio. Este acababa de dejar el ministerio y estaba tratando de trabajar como agente inmobiliario. La pareja tenía tres hijos de edad escolar. Ella trabajaba como enfermera psiquiátrica de tiempo completo y, en ese momento, era la única que aportaba una entrada de dinero regular. Llamaré a esta pareja Juan y Estela.

Juan es un abusador. Sí, ha sido pastor. Es cristiano. Se ha graduado del seminario. Pero también es un abusador que golpea a su esposa.

Estela es una mujer golpeada. Es inteligente y trabaja en enfermería psiquiátrica. Pero sigue siendo una mujer golpeada.

Juan ha estado golpeando a Estela desde el primer año de su matrimonio. Los golpes toman muchas formas. Cuando él explota de ira, comienza a arrojarle todo lo que tenga a mano. Luego la ataca, la golpea con los puños, le arranca el cabello a jirones.

Después de esta clase de golpiza, ella sabe que él volverá a la noche y todo comenzará otra vez. Así que se queda despierta toda la noche, y siente que el león merodea la casa, sin saber cómo o cuándo la atacará otra vez. El segundo ataque podría ser otra golpiza o podría ser un balde de agua fría en la oscuridad.

Si Juan se enfurece mientras maneja el auto con su familia, ella tiene miedo por la vida de todos. Una vez, cuando estaba embarazada, él alargó la mano, le abrió la puerta y la empujó arrojándola a la calle desde el auto en movimiento.

Después de estos ataques, Juan siente muchos remordimientos. En público, especialmente en la iglesia donde se lo respeta como un líder fuerte, él abraza a Estela y le dice a los demás cuán bella es su esposa. Fuera de la casa, él fomenta cuidadosamente la impresión de ser un esposo tierno y amoroso.

Los arrebatos de Juan parecen precipitarse por varias cosas. Si encuentra a Estela leyendo un libro, se lo arrebata de las manos y le dice que si quiere aprender algo, ella debe pedírselo, y él le enseñará.

Él ha reglamentado a la familia en una agenda diaria rígida de memorización de versículos. De hecho, ha diseñado un sistema que muchas familias en su iglesia usan regularmente. Este consiste en escoger un versículo clave por cada capítulo de la Biblia y, mediante un sistema de memorización complejo, aprender estos versículos de memoria. Los miembros de la familia además deben pasar una cierta cantidad de tiempo escuchando grabaciones cristianas todos los días. Cada vez que un miembro no aprende el versículo perfectamente o no puede responder a todas sus preguntas sobre la grabación, Juan se enoja muchísimo.

Hace algunos años, Estela persuadió a Juan para ir a consultar juntos a un consejero. Pero el consejero cristiano simplemente le dio instrucciones a ella de cumplir su responsabilidad de sumisión.

Cuando Estela me hablaba, me di cuenta claramente de que ella había sido el objeto de los arrebatos de Juan durante años. Pero se atrevió a hablar conmigo solo porque ahora temía por la seguridad de sus tres hijos. En la iglesia, le habían enseñado muy bien a ser sumisa, por lo que pensaba que no tenía otra alternativa que permanecer en la casa, soportar el abuso y arriesgarse a que él la mate, dado que la furia de Juan iba en aumento. De hecho, como sucede siempre con las mujeres golpeadas, Estela en realidad se culpaba por el abuso de Juan. Él insistía en que si ella fuera diferente, él no la golpearía. Él no pensaba que fuera un abusador.

Esa es la historia de Juan. Dos mujeres más iguales a Estela hablaron conmigo la misma noche en aquel estado del sur del país.

Las mujeres golpeadas son una realidad en la vida de la sociedad estadounidense de hoy; y una dura realidad dentro de nuestras iglesias evangélicas. Una de cada ocho mujeres de los Estados Unidos sufre de abuso físico. Una de cada cuatro, sufre de abuso sexual. En ese país, se golpea a una mujer cada dieciocho segundos. Un cuarto de estas mujeres están embarazadas. De hecho, el patrón de golpizas a menudo comienza con el primer embarazo de una mujer.

Además de esto, nueve de cada diez incidentes de golpizas no se reportan a la Policía. Los expertos legales denominan el abuso que sufre una esposa el "delito silencioso"; es uno de los delitos que menos se reporta o no se reporta en nuestro país.

Muchas mujeres no sufren golpes físicos, pero igualmente sufren de abuso. Una causa principal de depresión, por ejemplo, es la baja autoestima que viene de ser constantemente humillada por las personas más cercanas; aquellas que deberían edificar a la mujer.

Yo tengo una amiga cercana, cuyo esposo difícilmente se sienta a la mesa a cenar sin decirle qué comida *debería* haber preparado o cómo *debería* haber cocinado la que preparó. Durante más de veinticinco años, mi amiga ha soportado este torrente de críticas, prácticamente, en cada comida. Con razón su confianza en sí misma es cero. Hay pocas cosas, desde peinarse el cabello a limpiar la casa, que ella puede hacer para complacerlo. Él la critica día y noche. Este también es un abusador. Esta también es una esposa abusada.

El abuso puede ser físico. Puede ser verbal. Puede ser no verbal. Cualquiera sea la forma en que llegue, muchas mujeres cristianas aceptan este abuso en nombre de la sumisión. Están convencidas de que, como mujeres cristianas, no tienen otra alternativa que soportar el abuso como la voluntad de Dios para su vida.

Un caso particular del manejo de un hombre abusivo se encuentra en 1 Samuel 25. Allí conocemos a un hombre llamado Nabal, casado con una mujer llamada Abigail. Al comienzo del capítulo, leemos en los versículos 2 y 3:

Y en Maón había un hombre que tenía su hacienda en Carmel, el cual era muy rico, y tenía tres mil ovejas y mil cabras. Y aconteció que estaba esquilando sus ovejas en Carmel.

Y aquel varón se llamaba Nabal, y su mujer, Abigail. Era aquella mujer de buen entendimiento y de hermosa apariencia, pero el hombre era duro y de malas obras; y era del linaje de Caleb.

Nabal era un hombre con el cual era difícil vivir. Dios lo describió como un hombre duro y de malas obras. La fuerza de las palabras hebreas transmite que era un ofensor severo, dominante y cruel.

Los criados de la casa de Nabal seguramente estarían de acuerdo con Dios en su descripción de este hombre. En el versículo 17, encontramos que un criado le habla a Abigail acerca de su amo y esposo de esta manera: "...pues él es un hombre tan perverso, que no hay quien pueda hablarle".

Otra vez, el texto hebreo lo transmite muy fuertemente. Nabal es "un hombre maligno, un hijo de Belial", la peor declaración posible de desprecio que el criado podría usar. Nabal era un hombre duro, un hombre difícil, un hombre severo. Era imposible razonar con él.

El criado no era el único que opinaba de esa manera. Abigail le describe a su esposo a David en el versículo 25: "No haga caso ahora mi señor de ese hombre perverso, de Nabal; porque conforme a su nombre, así es. El se llama Nabal, y la insensatez está con él...".

Nabal era un hombre malvado y difícil. Lo dijo Dios. Lo dijo el criado, y Abigail estuvo de acuerdo.

Abigail probablemente accedió a ese matrimonio desagradable al no tener otra opción. En su época, los padres concertaban el matrimonio de sus hijos. Nabal era uno de los hombres más ricos de la región. En el versículo 2, nos enteramos de que tenía mil cabras y tres mil ovejas. Era un hombre de importancia e influencia.

Concertar un matrimonio con un hombre así probablemente se consideraba un buen partido. El hecho de que Abigail pudiera no ser feliz en tal matrimonio era irrelevante.

Desdichadamente, hoy día muchas mujeres acceden a matrimonios tan miserables como el de Abigail por su propia elección. El príncipe apuesto resulta ser alguien perverso. El buen líder cristiano resulta ser un abusador.

¿Cómo manejó Abigail su situación, atrapada en un matrimonio con un hombre ruin, descarado en sus maldades, alguien con el que nadie podía hablar o razonar? ¿Podemos aprender algo de ella que pueda ser de ayuda para nuestra vida o para la vida de otras mujeres atrapadas en una situación similar?

Deberíamos sacar el mejor provecho de una mala situación. Mejor aún, tenemos que encontrar la manera de transformar una mala situación en una buena situación. Al principio, cuando encontramos a Abigail, vimos una mujer que hacía todo lo posible para minimizar el daño que su esposo había cometido. Y Nabal había cometido un verdadero daño, hasta el punto que toda la casa estaba en peligro de exterminio. Repasemos la historia.

Se inicia durante la época del año en la cual se esquilaban las tres mil ovejas de Nabal. Eran muchas ovejas, muchos esquiladores y mucho trabajo para todo el que participaba de dicha labor.

La estación del esquileo en la época de Nabal era también una época festiva. Era costumbre que el dueño de las ovejas organizara una fiesta al terminar todo el trabajo. En esa fiesta, repartía regalos a todo el que había colaborado de alguna manera durante el año. Esta era una muestra de agradecimiento a Dios y un gesto de buena voluntad para con sus vecinos. Cuando David envió a sus hombres a recolectar lo que se les debía por la protección que les habían brindado a los pastores de Nabal durante el año, ellos tenían suficientes motivos para esperar que Nabal fuera generoso.

Pero, en cambio, en los versículos 10 y 11, vemos que Nabal insulta a los hombres de David de dos maneras. Primero, debería haber respondido generosamente para con ellos por la ayuda que les habían brindado a sus pastores. Segundo, la costumbre oriental requería que él fuera cortés con ellos, aunque David hubiera sido un enemigo mortal. El ser duro y de malas obras no solo llevó a Nabal a negarse a dar algo cuando debería haber dado libremente, sino que además lo llevó a ridiculizar el carácter de David en frente de sus hombres.

David entendió bien el insulto. Su respuesta, la cual encontramos en los versículos 12 y 13, fue en esencia: "Está bien, hombres, tomen sus espadas. Vamos a encargarnos de este tipo, de cada varón y joven de su casa". Con cuatrocientos hombres armados, David emprendió viaje para destruir a la casa de Nabal.

Al mismo tiempo, un sabio criado corrió y se presentó ante Abigail para informarle lo que había sucedido. Lee este resumen de los acontecimientos en los versículos 14 al 17:

> Pero uno de los criados dio aviso a Abigail mujer de Nabal, diciendo: He aquí David envió mensajeros del desierto que saludasen a nuestro amo, y él los ha zaherido.
>
> Y aquellos hombres han sido muy buenos con nosotros, y nunca nos trataron mal, ni nos faltó nada en todo el tiempo que anduvimos con ellos, cuando estábamos en el campo.
>
> Muro fueron para nosotros de día y de noche, todos los días que hemos estado con ellos apacentando las ovejas.
>
> Ahora, pues, reflexiona y ve lo que has de hacer, porque el mal está ya resuelto contra nuestro amo y contra toda su casa; pues él es un hombre tan perverso, que no hay quien pueda hablarle.

Abigail tenía una grave situación en sus manos. Cuatrocientos hombres estaban de camino para matar no solo a Nabal, sino a la mayor parte de su casa. Ella tenía que actuar rápidamente para minimizar el daño que su esposo había cometido.

Conociéndote a ti misma, ¿qué hubieras hecho en lugar de Abigail? ¿Hubieras huido para salvarte? ¿Hubieras organizado a los criados para pelear contra los hombres de David? ¿Hubieras tratado de razonar con Nabal? ¿Te hubieras resignado a que te mataran? ¿Hubieras entrado en pánico? En los versículos 18 al 23, vemos que Abigail emprende acciones independientes y decisivas.

> Entonces Abigail tomó luego doscientos panes, dos cueros de vino, cinco ovejas guisadas, cinco medidas de grano tostado, cien racimos de uvas pasas, y doscientos panes de higos secos, y lo cargó todo en asnos.
>
> Y dijo a sus criados: Id delante de mí, y yo os seguiré luego; y nada declaró a su marido Nabal.
>
> Y montando un asno, descendió por una parte secreta del monte; y he aquí David y sus hombres venían frente a ella, y ella les salió al encuentro.
>
> Y David había dicho: Ciertamente en vano he guardado todo lo que éste tiene en el desierto, sin que nada le haya faltado de todo cuanto es suyo; y él me ha vuelto mal por bien.
>
> Así haga Dios a los enemigos de David y aun les añada, que de aquí a mañana, de todo lo que fuere suyo no he de dejar con vida ni un varón.
>
> Y cuando Abigail vio a David, se bajó prontamente del asno, y postrándose sobre su rostro delante de David, se inclinó a tierra.

Con una rápida reacción, Abigail se apresuró a impedir que sucediera una catástrofe. Pero ¿qué piensas acerca de lo que hizo? Como una mujer cristiana, ¿piensas que ella actuó correctamente?

¿En realidad qué estaba sucediendo cuando ella corrió de prisa a cargar los asnos con el pan horneado, las uvas pasas, los higos secos y los cueros de vino?

Primero, ella hizo exactamente lo opuesto de lo que Nabal hubiera hecho. Él había ignorado a los hombres de David, pero ella preparó gran cantidad de alimentos para ellos.

Segundo, hizo esto a sus espaldas. Lo siguiente nos indica que ella no le contó a su esposo lo que estaba haciendo. ¿Te parece bien lo que ella hizo?

Mira la evaluación de David con respecto a lo que Abigail hizo en los versículos 32 y 33:

> Y dijo David a Abigail: Bendito sea Jehová Dios de Israel, que te envió para que hoy me encontrases.
>
> Y bendito sea tu razonamiento, y bendita tú, que me has estorbado hoy de ir a derramar sangre, y a vengarme por mi propia mano.

David vio la acción independiente de Abigail, contraria a los deseos de Nabal, como de Dios. Abigail se constituye para nosotros como modelo de una mujer sabia en una situación difícil. Ella actuó para el bien de su casa y de su esposo. La primera persona que hubiera sentido el filo cortante de la espada de David hubiera sido Nabal. Al ir contra los deseos de Nabal, Abigail estaba salvando la vida de él. Ella pensaba en el bien de su esposo.

No toda situación que una mujer enfrenta en un matrimonio malo es un asunto de vida o muerte. En el caso de Abigail, lo era. En el caso de Estela, era entender que podía llegar a eso. La obligación de una mujer cristiana de ser una esposa sumisa termina cuando las vidas de las personas están en peligro, ya sea física o espiritualmente. Una mujer sabia es aquella que hace lo que puede para limitar el daño causado en el hogar por un esposo difícil.

Una mujer en esta situación podría tener que tomar una acción inmediata para asegurar la protección de ella misma y sus hijos. Si la realidad es físicamente peligrosa, lo primero que debe hacer es irse y salvarse con sus hijos mientras pueda. Ella debe actuar para el bien de todos los implicados. Esto incluye el bien de su esposo, pero también incluye su propio bien y el de sus hijos si los tuviera.

Es importante saber que una mujer no es un fracaso como

esposa y que no es desobediente a Dios si toma pasos activos para preservar la vida en una situación abusiva.

El segundo paso que las mujeres deben dar es esforzarse para transformar una mala situación en una buena. Una persona con cáncer puede que tenga que someterse a un tratamiento de radiación o quimioterapia para evitar que la enfermedad se propague. Esa es una manera de minimizar el daño. Pero si el cáncer es operable, el cirujano también podría decidir extirparlo para que el paciente recupere totalmente su salud.

Una mujer que tiene diez kilos de sobrepeso puede que se esfuerce para evitar engordar más. Pero sigue teniendo alrededor de diez kilos de sobrepeso que son demasiado para su corazón. Ella tiene que transformar una mala situación en una buena mediante una dieta que le permita perder esos kilos de más. Tenemos que hacer más que minimizar el daño. Tenemos que transformar una situación mala en una situación buena.

Abigail impidió con éxito que el ejército de David matara brutalmente a los de la casa de Nabal. Pero para no tener que repetir la operación de rescate en otro momento, ella tuvo que hacer más que eso. Lee lo que hizo Abigail en los próximos versículos 36 y 37:

> Y Abigail volvió a Nabal, y he aquí que él tenía banquete en su casa como banquete de rey; y el corazón de Nabal estaba alegre, y estaba completamente ebrio, por lo cual ella no le declaró cosa alguna hasta el día siguiente.
>
> Pero por la mañana, cuando ya a Nabal se le habían pasado los efectos del vino, le refirió su mujer estas cosas; y desmayó su corazón en él, y se quedó como una piedra.

No fue suficiente evitar una tragedia. Fue necesario confrontar a Nabal con su forma de comportarse en la vida. Él tenía que entender las consecuencias de su actitud perversa.

Una de las cosas que vemos en el versículo 36 es que Abigail escogió el momento oportuno de hablar con Nabal. A menudo cuando confrontamos a una persona difícil, escogemos el momento inadecuado y el lugar equivocado. Abigail esperó sabiamente hasta que el banquete finalizara, la borrachera pasara, y Nabal estuviera sobrio.

Aunque Abigail escogió su momento sabiamente, corrió grandes riesgos al confrontar a Nabal. Recuerda que Dios lo había descrito como un hombre duro y de malas obras, dominante y malvado. El criado decía que era un hombre duro y severo, con el que no se podía razonar. Abigail no tenía seguridad de que Nabal la escuchara. Ella no tenía manera de saber si él se pondría furioso y le haría daño. Pero sabía que tenía que confrontar a Nabal, aunque no le fuera bien.

A Nabal, al menos, *no* le fue bien. El choque de su cercano enfrentamiento con la ira de David le provocó un paro cardíaco. No sabemos por el pasaje bíblico si el ataque de Nabal fue originado al enfurecerse por el entrometimiento de Abigail en sus asuntos o si se enfureció porque David había tomado ventaja de él. Tal vez fue simplemente el terror que le sobrevino cuando se dio cuenta de cuán cerca había estado de la muerte. Lo que sea que le causara el ataque cardíaco o infarto, en diez días demostró ser fatal. Nabal murió.

El texto bíblico tampoco nos dice *cómo* habló Abigail con Nabal en aquella mañana funesta. Solo sabemos que le contó todo lo que había sucedido. Tomó los pasos necesarios para transformar una mala situación en una buena. Lo confrontó con las consecuencias de sus actos.

En una relación difícil, no trates simplemente de minimizar el daño. Esfuérzate para transformar una mala situación en una buena al ayudar a la persona difícil a ver lo que se está haciendo a sí mismo y les está haciendo a las personas importantes de su vida. El amor a veces tiene que ser fuerte, al buscar lo que es mejor para todos los implicados. Un hombre que abusa de su esposa o es alguien con el que es difícil convivir está enclavado en sus propios problemas. Estos problemas no le permiten ser la persona alegre y social que Dios diseñó que fuera. Según el título del libro de David Augsburger (*Care Enough to Confront*), tómate la molestia de confrontar. Confronta para redimir, no para destruir. Para muchas mujeres encerradas en matrimonios abusivos es casi imposible la confrontación. Las razones son muchas. A menudo dichas mujeres han llegado a creer las afirmaciones reiteradas de su esposo, de que si fueran mujeres diferentes, ellos la tratarían diferente. O tienen una comprensión no bíblica de la sumisión. O su autoestima ha sido destruida, y no tienen fuerza interior para resistir el abuso.

Para dar el próximo paso necesario de confrontar a la persona difícil con el fin de lograr un cambio, una mujer abusada debe estar segura de su propio valor ante Dios, para que dicha persona difícil no tire abajo su autoestima. La vida con Nabal podría no haber sido feliz. Sin embargo, Abigail no permitió que la maldad de su esposo la amargara. Esta mujer hermosa e inteligente era suficientemente fuerte en su interior para soportar la insensatez de Nabal.

¿Cómo termina la historia de Abigail? En el versículo 38, nos enteramos de que diez días después que Abigail habló con Nabal, este murió. En el versículo 39, descubrimos que David no perdió tiempo una vez que se enteró de la noticia de la muerte de Nabal. Él le propuso matrimonio a Abigail, y para cuando llegamos al versículo 42, ella ya se había montado sobre su asno, acompañada de sus cinco doncellas, para ir junto a David y convertirse en su esposa. Ella era la compañera ideal para el futuro y grandioso rey de Israel.

El final de la historia de Abigail es que "fueron felices para siempre". Pero ese no es el final de la historia de Estela. Y tampoco es el final de la historia para muchas otras mujeres cristianas que se encuentran atrapadas en un matrimonio difícil. A menudo no podemos escapar de la infelicidad, pero debemos aprender nuevas maneras de hacerle frente y convertirla en algo bueno.

No hace mucho tiempo recibí otra carta de Estela. Hasta aquel momento, habíamos intercambiado cartas que provenían de la dirección del hospital en el que trabajaba. Esta era la primera carta que me proporcionaba la dirección de su casa.

Te daré a conocer la carta, que comienza con su reacción a un "índice de violencia" que yo había incluido en un material sobre abusadores y golpeadores que le había enviado a Estela:

Al revisar todos los materiales, creo que la parte más temible fue tomar el examen de violencia y darme cuenta de que nuestro nivel de índice de violencia era peligroso. Nunca lo había visto tan claro antes ni había pensado en las preguntas específicas que se formulaban. Me sorprendió en gran manera...

En junio y julio, la conducta o actitud de Juan llegó a ser más odiosa y opresiva. Comenzó a involucrar con más frecuencia a los niños, y a veces a echarles la culpa por sus arrebatos. Arrojó un vaso al fregadero de la cocina con tal fuerza que se hizo añicos y se esparcieron por toda la cocina, mostrador, piso, etc. Después Juan quiso que Miguel, nuestro hijo de doce años, recogiera todo. Yo no quise que Miguel recogiera todo el desparramo que había hecho Juan, así que quedó así por dos días. Silvia (de once años) no había estado presente, por lo que cuando entró, preguntó: "¿Fue un accidente o papá se enojó?". Entonces, le conté la verdad. Samuel (nueve años) comenzó a ponerse histérico cada vez que Juan levantaba la voz, y eso hacía que Juan se pusiera peor.

Voy a interrumpir la carta de Estela por un momento. Un año antes, Estela no se hubiera opuesto a la orden de Juan de que Miguel recogiera el desparramo de vidrios. Ella no le hubiera contado a Silvia la verdad acerca de lo sucedido. Gradualmente, Estela había estado fortaleciéndose interiormente para enfrentar a Juan por lo que estaba haciendo. La carta continúa:

A mediados de julio, comencé a reunirme con Carlos y Margarita... Sin que Juan lo supiera, me tomé la tarde libre y hablé con ellos. Margarita y yo ya habíamos estado hablando algo. Carlos es un abogado de la ciudad, bien respetado por Juan de muchas maneras. Ellos han sido amigos de nuestra iglesia durante años. Como es de esperarse, Juan se enfureció cuando le conté aquel día que había ido. Comenzó con las mismas acusaciones de traición de nuevo. Le doy gracias a Dios por el valor de haber hablado otra vez.

Carlos, Margarita, Juan y yo nos encontramos alrededor de una vez a la semana por dos o tres horas. La primera sesión fue la peor, pero, le cuento, Alicia, que las últimas seis semanas han sido maravillosas. Carlos confronta su problema, y Juan no se ha resistido a dar cuentas. Con lágrimas, pena y dolor, se ha comprometido conmigo, distinto a otras veces. Él ha enfrentado su problema como un pecado totalmente inaceptable. Las sesiones son difíciles debido al dolor de los asuntos que repasamos, pero son *muy* productivas. Vuelvo a tener esperanza.

Los niños saben que estamos asistiendo a esas reuniones y están contentos también. Aun el espíritu defensivo de Silvia ha mejorado en los últimos meses. Hay mucho trabajo que hacer. Diariamente sigo viendo reflejos de la actitud "abajo con las mujeres" de Juan, pero tengo la libertad de discutirlo con él más tarde o de hablarlo cuando nos reunimos con Carlos y Margarita. Juan admitió no darme libertad, ser celoso aun de las conversaciones telefónicas con otras mujeres. No entiendo por qué, pero ahora se da cuenta de que no es normal.

Alicia, creo que hay esperanza. Por favor, continúe orando por mí. Sé que el camino que tengo por delante tendrá baches, tal vez sean grandes baches. Pero mi apoyo se ha ensanchado. Por consiguiente, mi base es más fuerte y también la de Juan.

Por favor, continúe hablándoles a otras mujeres acerca de la necesidad de la franqueza y la amistad, que no hay que soportar la vida, sino vivirla y disfrutarla. Espero ver lo que Dios tiene para mí en el futuro. Por favor, siéntase libre de dar a conocer mi vida a otras personas si fuera de ayuda. Y sigamos en contacto.

Con cariño, Estela.

Cada vez que releo la carta de Estela, recuerdo a la mujer aterrada que durante trece años no le había dicho ni una palabra a nadie acerca de todo lo que tenía que soportar junto a un hombre difícil. Agradezco a Dios que ella se atreviera a hablar conmigo. Estoy contenta de que aun tuviera el valor de buscar un sistema de apoyo en su ciudad. Ahora ella tiene esperanza. Hace un año, no tenía ninguna. Agradezco a Dios que hiciera lo mismo que Abigail. Primero ella dio los pasos para minimizar el daño en su vida y en la vida de sus hijos. Después se sinceró con una amiga de confianza, lo cual se convirtió en el comienzo de un grupo de apoyo local para ella. Tuvo el valor de refutar las acusaciones insensatas de Juan y de oponerse a las demandas egoístas de él.

Poco a poco, ella lo ha forzado a ser responsable por sus actos. Ahora en estas sesiones semanales con Juan, Carlos y Margarita, ella sigue con las confrontaciones que están sanando su matrimonio.

¿Vives tú con un hombre difícil? ¿Tienes una amiga atrapada en un matrimonio penoso? Toma a Abigail como un buen modelo para imitar. Esfuérzate para obtener lo mejor de una mala situación. Mejor aún, esfuérzate para transformar una mala situación en una buena. Permite que Dios obre en ti y a través de ti mediante su poder para redimir una mala relación.

Preguntas para la discusión grupal o la reflexión personal:
1. ¿Qué piensas que la Biblia enseña acerca de la sumisión?
2. ¿Cómo se puede poner en práctica la sumisión cuando un esposo es difícil o abusivo?
3. ¿Puede una mujer tener un espíritu sumiso y aun así emprender acciones independientes?
4. ¿Qué principios bíblicos piensas tú que deberían guiarla?

8

LA VIUDA DE SAREPTA

Cómo enfrentar las adversidades

Cuando era pequeña, mi parte favorita de cada cuento de hadas era el último verso después que el apuesto príncipe había rescatado a la hermosa damisela, y ambos se perdían en el horizonte. Las historias siempre terminaban de la misma manera: "Y vivieron felices para siempre".

La mayoría de nosotras, si somos sinceras, ansiamos un libro de cuentos romántico que tenga exactamente el mismo final. Y tal vez *sea* verdad para ti. Pero si consideramos las estadísticas, para muchas de nosotras "felices para siempre" será simplemente el final de un cuento de hadas.

Una razón es que las mujeres viven más que los hombres. De acuerdo a los índices de mortalidad, la esperanza de vida promedio para los hombres norteamericanos es de 71,1 años, mientras que la esperanza de vida promedio para las mujeres es de 78,3. Desde la niñez hasta la juventud, los muchachos exceden en número a las muchachas, pero alrededor de los veinticuatro años, este índice comienza a equilibrarse y a invertirse. Desde 1984, las cifras de la población de los Estados Unidos dan cuenta de que, mientras en la actualidad hay 1,5 millones de viudos mayores en los Estados Unidos, hay 7,8 millones de viudas de más de sesenta y cinco años. Entre los ciudadanos de más de sesenta y cinco años, hay solo sesenta y siete hombres por cada cien mujeres.

Tengo que enfrentar el hecho de que las probabilidades de

vivir más que mi esposo son estadísticamente altas. Podría tener que terminar mis días sola como una viuda.

Otra razón por la que "felices para siempre" puede que no suceda para algunas de nosotras es que de todas las mujeres que se casaron durante este año, la mitad terminará en una corte de divorcio. Todas tenemos amigas que tienen que hacer malabares con el trabajo, los niños, los impuestos, las reparaciones de la casa, y ser madre y padre porque su matrimonio terminó en un divorcio. En algunos casos, nuestra amiga recibió la abrupta noticia de la existencia de otra mujer por la que su esposo estaba abandonando su familia. En otros casos, nuestra amiga finalmente se atrevió a abandonar a un hombre que era física o emocionalmente abusivo. Ella tuvo que abandonarlo para garantizar su seguridad física y su cordura.

¿Cuáles son las probabilidades de que una mujer, viuda o divorciada, pueda volver a casarse y "vivir feliz para siempre"? Las cifras de dos estudios recientes difieren. El más pesimista de los estudios informó que una mujer de treinta años hoy día tiene solamente un 20% de probabilidades de casarse o volver a casarse. El estudio más optimista informa que una mujer de treinta años tiene el 66% de probabilidades de casarse o volver a casarse. Pero este porcentaje desciende al 41% para una mujer de treinta y cinco años; al 23% para una mujer de cuarenta años; y solo al 11% para una mujer de cuarenta y cinco años. Para una abuela jubilada como yo, el porcentaje sería casi cero.

Las razones por las que los porcentajes descienden tan rápido son claras. Simplemente, hay más mujeres en el mundo que hombres. Las mujeres componemos el 51,6% de la población del mundo. Los hombres componen solo el 48,4%. Las mujeres superan en número a los hombres en los Estados Unidos en más de cinco millones.

Todo esto es para advertirnos de que la probabilidad de "vivir felices para siempre" podría ser menor de lo que nos gustaría pensar. Tú que vives sola podrías tener algún consejo excelente para aquellas de nosotras que aun disfrutamos de un buen matrimonio.

Hace varios años, daba clases semanales los domingos para mujeres, quienes, casi en su totalidad, atravesaban el trauma previo y posterior al divorcio. Entre nosotras se formaron fuertes vínculos, mientras llorábamos y orábamos juntas por el dolor que la mayoría de ellas estaba viviendo. Aún me sigo encontrando regularmente con mujeres de aquel grupo. Yolanda, una divorciada con dos hijos adolescentes, lucha para alimentar, vestir y amparar a sus muchachos con una entrada económica limitada. Cuando pienso en ella, recuerdo a otra mujer sola que también luchaba para cuidar de su hijo. Su historia ha sido registrada en 1 Reyes 17.

Primero haré una reseña del trasfondo para que puedas comprender cuán dura era la época en la cual vivía y casi muere esta mujer. Si conoces la historia de Israel, sabrás que después que murió Moisés, Josué condujo al pueblo en la conquista de Canaán. Aunque los israelitas vieron la mano de Dios que obraba a favor de ellos, y les entregó la tierra mediante muchísimos milagros, ellos rápidamente le volvieron la espalda a Dios y se adoptaron las prácticas paganas de las tribus vecinas. De vez en cuando, líderes piadosos como Débora y Samuel aparecían en escena y hacían volver la conciencia del pueblo otra vez a su Dios. Pero la mayor parte del tiempo, el pueblo estuvo lejos de Jehová, el Señor Dios de Israel.

Después llegaron los más grandes reyes de Israel: David y Salomón. Bajo el liderazgo de ellos, la nación se expandió y creció en riqueza y fuerza. Después de la muerte de Salomón, sin embargo, las tribus se dividieron en dos naciones separadas, Israel en el norte y Judá en el sur. Particularmente, en el norte el pueblo se apresuró a abandonar su adoración a Jehová, el Señor Dios de Israel, y se volvió a la adoración de los ídolos paganos.

Nuestra historia se inicia con el reinado de un rey del norte, llamado Acab. La Biblia nos dice que "...Acab hijo de Omri hizo lo malo ante los ojos de Jehová, más que todos los que reinaron antes de él" (1 R. 16:30). Aprendemos que este rey se casó con una princesa extranjera, llamada Jezabel, que le enseñó a Israel la adoración a Baal. Acab también erigió una imagen de Asera, por lo que llevó al escritor bíblico a concluir que "...[hacía] así Acab más que todos los reyes de Israel que reinaron antes que él, para provocar la ira de Jehová Dios de Israel" (v. 33).

Al introducirnos en 1 Reyes 17, encontramos uno de los personajes más extraordinarios de la Biblia, Elías tisbita, que se encontraba al este del río Jordán en Galaad. Elías era un profeta. Primero leemos que le dio una palabra profética al malvado rey Acab:

"...Vive Jehová Dios de Israel, en cuya presencia estoy, que no habrá lluvia ni rocío en estos años, sino por mi palabra" (v. 1).

La Biblia, para empezar, no nos dice cómo entró Elías al palacio de Samaria, o qué dijo el rey cuando escuchó las palabras de Elías, o si Jezabel estaba presente. Nosotros escuchamos la profecía de Elías. Después vemos al profeta cómo siguió las instrucciones de Dios de marcharse por la primera salida y de dirigirse a un lugar de refugio al este del Jordán, en el arroyo de Querit. Allí, él estuvo en una cueva cubierta de malezas cuando comenzó la sequía. La Biblia nos dice que Dios cuidó del profeta enviándole cuervos que lo alimentaban con pan y carne cada mañana y cada noche. Con agua del arroyo sobrevivió hasta que "...se secó el arroyo, porque no había llovido sobre la tierra". (v. 7).

¿Y ahora qué? ¿Comenzarían los cuervos a llevarle también agua a Elías? No. Dios tenía otro plan. En el versículo 9, leemos lo que le ordenó al profeta:

"Levántate, vete a Sarepta de Sidón, y mora allí; he aquí yo he dado orden allí a una mujer viuda que te sustente".

¡Qué orden *extraña* le dio Dios! ¿Vete a Sarepta de Sidón? Sarepta era una aldea adjunta a la ciudad principal de Sidón. Era una clase de suburbio de Sidón; era la ciudad natal de Jezabel. Elías estaba escondido al este del río Jordán en una cueva impenetrable para escapar de la ira de Acab y Jezabel. Cruzar el territorio de Acab y alojarse en una residencia cerca de la ciudad natal de Jezabel parecía muy riesgoso. Pero esa era la estrategia de Dios para el profeta.

También es extraño que el Señor le prometiera a Elías que una *viuda* cuidaría de él. ¿Una viuda? ¿Cómo podría una viuda ayudarlo?

Dios raras veces hace una cosa a la vez. Él no estaba cuidando simplemente de Elías. El próximo paso para él también involucraba la manera en que Dios cuidaría de una viuda desamparada en una tierra extranjera. Cuando suceden cosas en nuestra vida que de alguna manera "no tienen sentido", es probable que simplemente no entendamos los planes complejos que Dios trama y obra no solo en nuestra vida sino también en la vida de otros.

Una de las cosas impresionante acerca de Elías es que él hizo todo lo que Dios le dijo que hiciera. Punto. No tenemos registro de que argumentara con Dios o que lo dejara para más adelante, con la esperanza de que cambiara de planes con el paso del tiempo y le diera una orden más razonable. Elías actuó de acuerdo a la palabra de Dios tan pronto como la recibió. Así que partió para Sarepta, un viaje de alrededor de ciento sesenta kilómetros a pie. Si Acab y Jezabel habían puesto un precio por la cabeza del profeta, es probable que Elías haya hecho el viaje por caminos traseros y senderos montañosos rara vez utilizados.

Finalmente, encontramos a la pobre viuda, responsable por su hijo y por ella, mientras Elías se acercaba a la aldea de Sarepta:

> "…Y cuando llegó a la puerta de la ciudad, he aquí una mujer viuda que estaba allí recogiendo leña; y él la llamó, y le dijo: Te ruego que me traigas un poco de agua en un vaso, para que beba" (v. 10).

Allí había una viuda que recogía leños. No conocemos su nombre. No hay detalles acerca de su edad, o su aspecto o su etapa en la vida. Solo era una viuda que recogía leños.

Mientras ella trabajaba, sin duda se sobresaltó cuando un hombre extraño la llamó y le pidió que le diera agua para beber.

Con seguridad, Elías debió de haber estado sediento y hambriento después de su larga travesía desde el este del río Jordán. Si Querib se había secado, entonces era probable que otros arroyos junto al camino a Sidón también estuvieran secos.

Observa de pasada que Elías padecía la sequía tanto o más que el malvado rey Acab. Las personas inocentes de toda Canaán padecían. Nos gustaría pensar que el perjuicio solo lo sufren los malvados, y que las personas buenas se salvan de tener que padecerlo. Pero no es así. Vivimos en un mundo caído, un mundo corrompido por el pecado. *Todos* tenemos que vivir con las consecuencias de un mundo caído. Todos experimentamos las cosas malas que vienen como consecuencia de las malas decisiones que toman los malvados. Elías padecía. La viuda padecía. Cientos de otras personas padecían porque Acab había olvidado al Señor su Dios, y había llevado a Israel a adorar a Baal.

De esta manera, vemos a un profeta, cansado, hambriento, sediento, que le pide ayuda a una viuda que juntaba leños.

"Por favor, ¿podría darme a beber agua?".

Mientras ella se dirigía a buscar agua para darle de beber, él la llamó y le dijo: "Y tráeme un trozo de pan, por favor".

Observa el drama que se desarrolla ahora, mientras nuestra viuda anónima habla por primera vez en el versículo 12:

> …Vive Jehová tu Dios, que no tengo pan cocido; solamente un puñado de harina tengo en la tinaja, y un poco de aceite en una vasija; y ahora recogía dos leños, para entrar y prepararlo para mí y para mi hijo, para que lo comamos, y nos dejemos morir.

¡Elías! ¿Escuchaste lo que ella dijo? ¡No le pidas a esta pobre mujer su última porción de comida!

Elías, tal vez le pediste a la mujer equivocada. Tal vez, esta no es la que Dios ha ordenado que supliera para ti. ¿Cómo podría ser ella? ¡No tiene nada! Ella y su hijo morirán de hambre después que coman este último bocado de pan que ella está preparando para hornear. Lee la respuesta de Elías en los versículos 13 y 14:

> Elías le dijo: No tengas temor; ve, haz como has dicho; pero hazme a mí primero de ello una pequeña torta cocida debajo de la ceniza, y tráemela; y después harás para ti y para tu hijo.
> Porque Jehová Dios de Israel ha dicho así: La harina de la tinaja no escaseará, ni el aceite de la vasija disminuirá, hasta el día en que Jehová haga llover sobre la faz de la tierra.

¡Qué prueba de fe enfrentó esta viuda! Ella tenía que hacer una rápida decisión. ¿Sobre qué base decidiría? Ella era extranjera. Probablemente, no había escuchado las historias del Dios de Israel. ¿Qué pensaría ella de la palabra de Elías de que el Señor, Dios de Israel, haría que la harina de la tinaja no escasee y que el aceite de la vasija no disminuya? En aquel momento, ella tenía que decidir si confiaría en las palabras de Dios que provenían de este extraño y haría lo que él decía, o si decidiría que él era un ridículo e ignoraría su pedido. Podemos ver su decisión en el versículo 15:

> Entonces ella fue e hizo como le dijo Elías; y comió él, y ella, y su casa, muchos días.
> Y la harina de la tinaja no escaseó, ni el aceite de la vasija menguó, conforme a la palabra que Jehová había dicho por Elías.

Al pensar en la decisión de la viuda de compartir su última porción de comida con Elías aquel día, ¿qué piensas que provocó su reacción?

Podría haber concluido que ella y su hijo morirían de todas maneras, entonces por qué no compartir lo poco que tenía con un extraño en necesidad. Después de todo, ella vivía de acuerdo a la cultura del Medio Oriente por la que se veía obligada a la hospitalidad para con los forasteros.

O puede que ya hubiera tenido una fuerte convicción en su alma de que Dios, el Dios de Israel, le había enviado a este profeta. En esa época, hospedar a un profeta bajo el techo de uno era un gran honor. Tal vez, algo bueno *resultaría* de eso si ella le daba lo poco que tenía a ese hombre de Dios.

O puede que haya entendido la promesa de Elías de que si ella le daba lo que tenía, el Dios de Israel supliría sus necesidades y las de su hijo hasta que terminara la sequía. ¿Fue con fe que ella tomó esa promesa?

A veces cuando no tenemos fe propia, la fe de otra persona puede ser suficientemente contagiosa como para influir en nuestra vida también. La certeza de Elías con respecto a la promesa de Dios y la capacidad de Él de cumplirla era fuerte. Tal vez, su fe haya influido en ella. No importa lo que pasara, ella estaba dispuesta a apostar su vida y la de su hijo en aquella palabra.

No sabemos qué pensamientos pasaron por la mente de aquella viuda, ese día en Sarepta, hace casi tres mil años. Sabemos que ella *actuó* de acuerdo a la palabra de Dios. Ella escuchó la palabra de Dios y la obedeció. Hizo lo que Elías le pidió que hiciera.

A veces cuando estamos contra la pared, tenemos que decidir si obedeceremos la Palabra de Dios o si decidiremos hacer lo que nos parezca mejor. Esto ocurre particularmente en el caso de una mujer sola. A menudo los recursos son escasos, y las necesidades son grandes. Puede que tengamos que vivir con un sueldo que no nos permite llegar hasta fin de mes. Cuando Dios nos pide que caminemos una milla más y compartamos lo poco que tenemos con alguien con mayor necesidad, puede que sea difícil decidir qué hacer. ¿Deberíamos hacer lo que Dios nos pide o deberíamos guardar lo poco que tenemos para nosotras?

La próxima vez que estés tentada a ignorar la palabra de Dios para tu vida y quieras dar un paso de autoprotección, recuerda a la viuda de Sarepta. ¿Qué le hubiera sucedido a ella y a su hijo aquel día si se hubiera negado a obedecer la palabra del Señor?

Si nuestra historia terminara aquí, podríamos concluir que las cosas funcionan en nuestra vida cuando decidimos creer la palabra de Dios. Él nos envía un profeta y obra un milagro. Después de todo, debido a que la viuda decidió compartir lo poco que tenía con el mensajero de Dios, todos los días durante la sequía hubo harina en la tinaja y aceite en la vasija. Todos los días que duró la sequía, ella, su hijo y el profeta tuvieron pan para comer. Dios suplió sus necesidades físicas.

Pero ese no es el final de la historia. Lee el resto en 1 Reyes 17:17-24:

Después de estas cosas aconteció que cayó enfermo el hijo del ama de la casa; y la enfermedad fue tan grave que no quedó en él aliento.

Y ella dijo a Elías: ¿Qué tengo yo contigo, varón de Dios? ¿Has venido a mí para traer a memoria mis iniquidades, y para hacer morir a mi hijo?

Él le dijo: Dame acá tu hijo. Entonces él lo tomó de su regazo, y lo llevó al aposento donde él estaba, y lo puso sobre su cama.

Y clamando a Jehová, dijo: Jehová Dios mío, ¿aun a la viuda en cuya casa estoy hospedado has afligido, haciéndole morir su hijo?

Y se tendió sobre el niño tres veces, y clamó a Jehová y dijo: Jehová Dios mío, te ruego que hagas volver el alma de este niño a él.

Y Jehová oyó la voz de Elías, y el alma del niño volvió a él, y revivió.

Tomando luego Elías al niño, lo trajo del aposento a la casa, y lo dio a su madre, y le dijo Elías: Mira, tu hijo vive.

Entonces la mujer dijo a Elías: Ahora conozco que tú eres varón de Dios, y que la palabra de Jehová es verdad en tu boca.

Este es el final de la historia. En adelante, no volvemos a escuchar de esta viuda anónima. Pero antes de seguir, podemos sacar provecho al analizar esta segunda e importante prueba de fe en su vida.

En el primer episodio con Elías, ella había sido probada en el ámbito de su necesidad presente: el alimento para la próxima comida. Ahora, en este segundo incidente, ella fue probada en el ámbito de su futuro. Su hijo había muerto. Este era quien cuidaría de ella cuando fuera anciana, ¿quién proveería para sus necesidades cuando ella no pudiera hacerlo más? Él estaba implicado en su futuro. Ahora, él ya no estaba.

En la primera prueba, ella tuvo que tomar una decisión y *actuar*. En la segunda prueba, no tenía que tomar ninguna decisión. No había nada que pudiera hacer. Se encontraba absolutamente indefensa frente a esta calamidad.

La vida se nos presenta de ambas maneras, ¿verdad? A veces, podemos tomar decisiones, y actuar y tomar precauciones acerca del día de mañana, del próximo mes o del próximo año. Otras veces, nos enfrentamos a tragedias que nos dejan indefensas e incapaces de actuar. No hay absolutamente nada que podamos hacer. Este era el caso de la viuda de Sarepta.

Pero Dios no la había dejado sin recursos. Ella tenía la presencia de Dios en la persona de su profeta, Elías. Este, un hombre de fe en sintonía con Dios, intercedió por la viuda cuando ella no tenía a quién recurrir. Dios escuchó la oración del profeta y le devolvió la vida al hijo de la viuda.

Este fue otro milagro. Sus necesidades diarias se suplieron mediante un milagro: la tinaja de harina y la vasija de aceite estuvieron siempre llenas. Ahora, las necesidades de su futuro se suplieron mediante otro milagro: la resurrección de su hijo.

Dios raras veces nos envía a un gran profeta como Elías. Y, por lo general, tampoco suple nuestras necesidades mediante milagros obvios. Pero el hecho de no ver a Elías ni experimentar intervenciones dramáticas y sobrenaturales no significa que Dios simplemente no esté preocupado por nuestras vidas y nuestras necesidades.

Una noche, mientras aún vivíamos en Viena, Austria, mi esposo Randy llamó por teléfono a casa mientras estaba haciendo una visita pastoral. Una familia de nuestra iglesia acababa de mudarse ese día y no habían podido conectar su horno para cocinar algo para cenar. Entonces, me preguntó:

—¿Podríamos ofrecerle algo de cenar esta noche?

—Por supuesto —respondí.

Después fui a la cocina para ver qué tenía para poder alimentar a cuatro adultos y dos adolescentes con gran apetito. Encontré suficiente carne para el plato principal y suficiente vegetales frescos para una ensalada. Pero no tenía papas ni pasta. Solo una taza de arroz. Los supermercados ya habían cerrado aquella noche. Tendríamos que arreglarnos con lo que había.

Llené la olla más grande que tenía de agua y la puse a hervir. Después, sostuve la taza de arroz sobre el agua hirviendo y oré: "Señor, haz que esta taza de arroz alcance para estos cuatro invitados y para Randy y para mí". Con un poco de fe, mucha duda y algo de resignación porque no tenía otra cosa en la casa para cocinar, vertí el arroz en el agua, tapé la olla y seguí preparando el resto de la comida.

Aquella noche pasamos un tiempo magnífico con nuestros invitados. El arroz llenó mi fuente más grande. Todos se sirvieron abundantemente, y sobró.

No sé qué pasó dentro de la olla esa noche. Sé que Dios usó nuestros recursos para hacer su obra, y se produjo un pequeño milagro.

Ahora, escúchame bien. No estoy hablando de dejar a un lado nuestro cerebro e ignorar nuestro obvio deber de trabajar para suplir nuestras necesidades diarias. Pero sé que existen veces en que, aunque hemos hecho todo lo posible, Dios nos pide una cosa más. Y Él está allí para sustentarnos.

A menudo cocino arroz y obtengo precisamente la cantidad

que el paquete indica por cantidad de arroz crudo que empleo en la cocción. Esto es porque Dios ya me ha suplido con los medios para comprar comestibles. No nos falta nada. Por lo general, Dios obra a través de los trabajos que Él provee y por medio del uso inteligente de nuestros recursos. Pero cuando estamos con la espalda contra la pared, cuando parece que no tuviéramos salida de nuestro dilema, Dios está allí en medio para cuidarnos en el proceso.

¿Has observado en 1 Reyes 17 lo que le sucedió a la fe de la viuda? En el versículo 12, ella dice: "Jehová tu Dios". Él no era su Dios. Pero de alguna manera tuvo suficiente fe para actuar de acuerdo a la afirmación de Elías de que Jehová, el Dios de Israel, les supliría cada día hasta el final de la larga sequía.

Cuando su hijo murió, sin embargo, la viuda acusó a Elías (v. 18) de recordarle sus iniquidades del pasado y de castigarla y hacer morir a su hijo. Ella lo tildó de mensajero de la venganza de Dios. En realidad, no entendió que él era un mensajero del amor de Dios.

Sus necesidades presentes habían sido suplidas, y su futuro estaba asegurado con la devolución de su hijo a la vida. Después, la viuda hizo la declaración de fe con la que termina el capítulo: "Ahora conozco que tú eres varón de Dios, y que la palabra de Jehová es verdad en tu boca".

Si la viuda nunca hubiera sido probada, su fe no hubiera crecido. Su entendimiento de quién era Dios no hubiera progresado. Y hubiera seguido siendo ignorante y desconfiada. A través de las horribles pruebas de la vida —pruebas en las que tenemos que tomar decisiones difíciles y pruebas en las que no podemos tomar ninguna decisión—, nuestra fe crece.

La mayor parte del tiempo no *vemos* la mano de Dios. Raras veces, experimentamos sus dramáticos y obvios milagros. La tinaja de harina puede acabarse. La vasija de aceite puede estar vacía. De alguna u otra forma, nos podrían arrancar el futuro de las manos. Nos podrían despojar de todo lo que consideramos importante. Se nos podría privar de todo lo que le da significado a nuestra vida.

Pero al igual que la viuda de Sarepta, cuando estamos de espalda contra la pared, no estamos solas. Podríamos *sentirnos* solas. Pero con fe —a veces la fe prestada de otra persona—, comenzamos a darnos cuenta de que Dios está allí. Entre las sombras, tal vez. Pero Él cuida de los suyos.

Considera las palabras de nuestro Señor Jesucristo en Mateo 6:25-33:

> Por tanto os digo: No os afanéis por vuestra vida, qué habéis de comer o qué habéis de beber; ni por vuestro cuerpo, qué habéis de vestir. ¿No es la vida más que el alimento, y el cuerpo más que el vestido?
>
> Mirad las aves del cielo, que no siembran, ni siegan, ni recogen en graneros; y vuestro Padre celestial las alimenta. ¿No valéis vosotros mucho más que ellas?
>
> ¿Y quién de vosotros podrá, por mucho que se afane, añadir a su estatura un codo?
>
> Y por el vestido, ¿por qué os afanáis? Considerad los lirios del campo, cómo crecen: no trabajan ni hilan; pero os digo, que ni aun Salomón con toda su gloria se vistió así como uno de ellos.
>
> Y si la hierba del campo que hoy es, y mañana se echa en el horno, Dios la viste así, ¿no hará mucho más a vosotros, hombres de poca fe?
>
> No os afanéis, pues, diciendo: ¿Qué comeremos, o qué beberemos, o qué vestiremos?
>
> Porque los gentiles buscan todas estas cosas; pero vuestro Padre celestial sabe que tenéis necesidad de todas estas cosas.
>
> Mas buscad primeramente el reino de Dios y su justicia, y todas estas cosas os serán añadidas.

La vida se reduce a nuestra perspectiva, ¿verdad? Dios, que vio a una viuda pagana digna de compasión en una polvorienta aldea marginal llamada Sarepta, también te ve a ti y me ve a mí. Dios le mostró quién era al llevarla hasta el final de ella misma y el final de sus recursos. Por lo general, aprendemos mejor a confiar en Él cuando hemos llegado al final de nosotras mismas y al final de nuestra autosuficiencia.

Cuando debemos tomar la decisión correcta y estamos contra la pared, el Dios de Elías y el Dios de la viuda de Sarepta sigue siendo nuestro Dios. Él está allí. Podemos estar confiadas y no tener temor.

Preguntas para el debate grupal o la reflexión personal:
1. ¿Cómo enfrentas la vida cuando no llegas con tu sueldo a fin de mes?
2. ¿Cómo aparece Dios en escena cuando las cosas no salen bien?
3. ¿Qué recursos espirituales piensas que existen, pero te resultan difíciles de aprovechar?
4. ¿Qué piensas que podría motivarte a confiar más en Dios cuando los tiempos son difíciles?

9

HULDA Y MARÍA

CÓMO USAR TUS DONES ESPIRITUALES

CON SABIDURÍA

¿Sueles enviarle un regalo de cumpleaños o de Navidad a alguna amiga íntima o familiar que vive en otra ciudad? Si a ti te importa esa persona, probablemente inviertas tiempo para escoger el regalo. Puede que llegues a leer al menos doscientas tarjetas para escoger exactamente la indicada para enviarle.

Vamos a suponer que hace diez años que le envías tarjetas y regalos a esa amiga especial. Ahora, después de todos esos años, tienes la oportunidad de visitarla. Mientras tu cabeza está llena de todas las cosas que quieres hacer cuando llegues allí, también esperas ver en su casa los regalos que le has estado enviando.

Después de la emocionante bienvenida en el aeropuerto, sientes que apenas puedes esperar para llegar a su casa. Al entrar, echas una mirada subrepticiamente alrededor de la sala, el comedor, la cocina y el baño. No ves ninguna de las cosas que compraste y envolviste con tanto esmero a lo largo de todos esos años. No hay señales del almohadón que te pasaste meses bordando. Ni de la taza y la salsera de porcelana fina que pensaste que le encantaría.

Cuando abres el armario del cuarto de huéspedes, sin embargo, ves que están allí. Todos tus paquetes siguen envueltos en el papel de regalo, en fila, en el estante del armario.

¿Cómo te hace sentir esa situación? ¿Qué piensas de esa amiga a quien le has prodigado tanto tiempo, y pensamientos y dinero?

Todas sabemos que dicha hipótesis no es probable que suceda. Cuando llegan los regalos, la mayoría de nosotras arranca el papel para ver qué nos ha enviado nuestra atenta amiga. ¿Piensas que es posible que alguien pueda habernos enviado maravillosos regalos, y nosotras ni siquiera los hayamos abierto?

¿Es posible que Dios nos haya dado dones que hemos apilado descuidadamente en el estante de nuestra vida, sin abrirlos ni usarlos? ¿Hemos recibido dones espirituales que nunca nos hemos molestado en desenvolver? Tal vez ni siquiera los hemos desenvuelto, porque no sabíamos qué hacer con ellos. Por eso, los arrojamos al estante de un armario de la habitación de huéspedes.

Varias mujeres del Antiguo Testamento recibieron dones espirituales. Observaremos a dos de ellas que los usaron, aunque una casi fue destruida por su don espiritual. Al observar a estas dos mujeres, puede que aprendamos a desenvolver y usar nuestros dones sabiamente.

Hulda

En 2 Reyes 22, encontramos a una admirable mujer llamada Hulda. Ella vivía en Jerusalén durante una época solemne de la historia de Israel. Los grandiosos reyes David y Salomón habían pasado de escena. La nación se había dividido en dos grupos rivales. Diez tribus en el norte se hacían llamar "Israel", y las dos tribus restantes en el sur eran conocidas como "Judá". La idolatría, la adoración a Baal, el ritual de la prostitución y el sacrificio humano se habían infiltrado sigilosamente en la adoración religiosa del pueblo. El Señor, Dios de Israel, a veces era considerado solamente como un dios entre tantos otros. Algunas veces, ni siquiera lo adoraban. Los líderes de Israel eran tan malvados que, en el 722 a.C., los asirios tomaron cautivas a las diez tribus del norte y las trasladaron exiliadas al este del Éufrates.

En el sur, la pequeña nación de Judá se defendía de los invasores. Pero fue solo una cuestión de tiempo antes que a esta también la tomaran cautiva. Los reyes de Judá eran hombres malvados. La nación era corrupta.

En medio de todo esto, nació un príncipe llamado Josías. Su abuelo Manasés había sido uno de los reyes más malvados de Judá. Su padre Amón no fue mucho mejor, y fue asesinado por sus oficiales cuando Josías tenía ocho años de edad.

Este pequeño niño, de repente, se encontró en el trono de Judá a la madura edad de ocho años. Algo bueno sucedió. De algún lado, tal vez de su madre Jedida o de sus tutores, Josías aprendió a caminar en la ley del Señor y a seguir el ejemplo de su ancestro, el rey David. En medio de generaciones de gobernadores totalmente corruptos, llegó un muchachito cuyo corazón buscaba a Dios.

Cuando Josías tenía veintiséis años y había estado reinando por dieciocho años, ordenó hacer algunas renovaciones al gran templo que Salomón había construido. Después de recolectado el dinero, era tiempo de proseguir con las reparaciones.

La casa de Dios había sido profanada por la adoración a los dioses paganos y estaba en ruinas. La cantidad de trabajo para hacer era descomunal. Por eso, la obra de restauración comenzó con muchísimos carpinteros, maestros y albañiles que trabajaban en el templo. Además, se habían acarreado madera y piedra de cantería para el trabajo de decoración.

En medio de todas estas actividades, un trabajador trastabilló con un rollo de pergamino antiguo. ¿Qué era eso? ¿Qué decía? ¿Qué significaba? Nadie sabía. ¿No te sorprende que ni siquiera Hilcías, el sumo sacerdote, supiera el significado de este libro sagrado? Este informó acerca del hallazgo al escriba Safán. Y el escriba Safán transmitió la información al rey Josías.

Cuando Josías escuchó las palabras que Safán leyó del libro de la ley, su reacción fue inmediata. Rasgó sus vestidos y ordenó que todos salieran a indagar acerca de aquel libro. Lo que Safán le había leído a Josías hablaba claramente de la destrucción que Dios traería sobre su pueblo si este se apartaba de los caminos de Él.

Josías no tenía dudas de que si estas cosas eran verdad, su reino estaba en gran peligro. Lee la reacción de Josías en 2 Reyes 22:13:

> Id y preguntad a Jehová por mí, y por el pueblo, y por todo Judá, acerca de las palabras de este libro que se ha hallado; porque grande es la ira de Jehová que se ha encendido contra nosotros, por cuanto nuestros padres no escucharon las palabras de este libro, para hacer conforme a todo lo que nos fue escrito.

Josías estaba atemorizado. Pero también era un hombre de acción. Por eso, ordenó que todos los líderes del reino averiguaran qué significaba aquel libro. Para poder descubrirlo, tendrían que buscar a un profeta, alguien que pudiera discernir el significado detrás de las palabras escritas.

En aquella época, muchos profetas vivían en Jerusalén. En Jeremías 1:2, nos enteramos que, al momento de hallarse los rollos, Jeremías ya había recibido mensajes proféticos de Dios para Judá durante, al menos, cinco años. En Sofonías 1:1, encontramos que Sofonías también profetizaba en Judá durante el reinado de Josías. ¿No es extraño, entonces, que en 2 Reyes 22:14 leamos que el sacerdote Hilcías y el resto de los consejeros del rey recurrieron a una *mujer* para que les explicara la palabra del Señor? Escogieron a Hulda, una profetisa, que era la mujer de Salum, guarda de las vestiduras reales.

Algunas veces escuchamos decir que Dios está forzado a usar a las mujeres para hacer la tarea de los hombres cuando no hay hombres disponibles. La gente hace uso de este razonamiento para excusar el trabajo que las mujeres han realizado en el campo misionero. Es difícil sostener esta idea con nuestro texto bíblico. Dios le había dado un don espiritual y especial a una mujer, Hulda. Después la usó para que transmitiera su mensaje al sumo sacerdote y al rey.

Sabemos muy poco de Hulda. El versículo 14 nos dice que

ella vivía en la segunda parte de la ciudad. La versión inglesa de la Biblia *King James* dice que vivía en el sector de la universidad. En algunos mapas antiguos de Jerusalén, la segunda parte de la ciudad viene a ser el sector de la universidad. La tradición judía nos dice que Hulda probablemente era una maestra.

Lo que sabemos de ella es que era una profetisa. Ella recibía la palabra de Dios y la transmitía a hombres y mujeres. El hecho de que el sumo sacerdote Hilcías y otros oficiales del palacio la escogieran, sin dudas, nos da a entender que era bien conocida por su discernimiento y devoción. Todos confiaban en que ella les transmitiría las verdaderas palabras de Dios directa, clara y fielmente.

¿Cuáles fueron aquellas palabras que Dios le dio a ella para el sumo sacerdote y el rey? Mira lo que Hulda le dijo a aquel admirable grupo de hombres del palacio en los versículos 15 al 20:

> Y ella les dijo: Así ha dicho Jehová el Dios de Israel: Decid al varón que os envió a mí:
>
> Así dijo Jehová: He aquí yo traigo sobre este lugar, y sobre los que en él moran, todo el mal de que habla este libro que ha leído el rey de Judá; por cuanto me dejaron a mí, y quemaron incienso a dioses ajenos, provocándome a ira con toda la obra de sus manos; mi ira se ha encendido contra este lugar, y no se apagará.
>
> Mas al rey de Judá que os ha enviado para que preguntaseis a Jehová, diréis así: Así ha dicho Jehová el Dios de Israel: Por cuanto oíste las palabras del libro, y tu corazón se enterneció, y te humillaste delante de Jehová, cuando oíste lo que yo he pronunciado contra este lugar y contra sus moradores, que vendrán a ser asolados y malditos, y rasgaste tus vestidos, y lloraste en mi presencia, también yo te he oído, dice Jehová.
>
> Por tanto, he aquí yo te recogeré con tus padres, y serás llevado a tu sepulcro en paz, y no verán tus ojos todo el mal que yo traigo sobre este lugar. Y ellos dieron al rey la respuesta.

¡Qué palabras fuertes! ¿Qué observas en el anuncio profético de Hulda? Algo es claro: ella no anduvo con rodeos. Habló terminante y directamente. No anduvo con vueltas. No suavizó las palabras del Señor con disculpas. No se negó a responder por el hecho de ser mujer y por no querer ofender a los hombres. Hulda simplemente usó su don. Punto. No volvemos a escuchar de ella. Estuvo en el escenario y fuera de este en una impresionante y rápida escena.

Otra cosa es clara de las palabras de Hulda: su mensaje era del Señor, el Dios de Israel. Cuatro veces enfatiza esto: "Así ha dicho Jehová el Dios de Israel". Hulda sabía que Dios estaba hablando a través de ella. No dijo con vacilación: "Bueno, si quieren mi opinión con respecto a este rollo" o "Mi idea con respecto a este libro es...". Ella sabía que era la portavoz de Dios.

El sumo sacerdote Hilcías y el resto de la multitud del palacio también lo sabían. Ellos no se pusieron a discutir si debían buscar una segunda opinión. Sin dudar le llevaron su mensaje al rey. Tanto ellos como el rey creyeron que el mensaje de Hulda era de Dios, por lo que el rey instituyó la reforma religiosa más contundente en Judá durante la época de los reinos divididos.

Allí se encuentra Hulda, la profetisa, una mujer distinguida, que usaba los dones espirituales que Dios le había dado para beneficio de la nación.

María

La segunda profetisa del Antiguo Testamento es una mujer que probablemente conozcas más que a Hulda. Su nombre es María, y su carrera fue muy diferente a la de Hulda. Hulda era una mujer casada, posiblemente una maestra que vivía en Jerusalén. María, por el otro lado, es la primera mujer mayor soltera que encontramos en la Biblia. Quizá la matanza de bebés varones hebreos que llevaron a cabo los egipcios cuando ella era niña hizo que no hubiera suficientes hombres para cuando ella llegó a la mayoría de edad. O podría ser que su vocación profética fuera un llamado de tiempo completo, por lo que renunció al matrimonio. Hayamos a María en tres momentos clave de su vida, y la vemos como una líder vigorosa con una mente rápida y creativa.

Comenzamos con Éxodo 2:1-10, donde la encontramos en un escenario más conocido para todas nosotras:

> Un varón de la familia de Leví fue y tomó por mujer a una hija de Leví, la que concibió, y dio a luz un hijo; y viéndole que era hermoso, le tuvo escondido tres meses.
>
> Pero no pudiendo ocultarle más tiempo, tomó una arquilla de juncos y la calafateó con asfalto y brea, y colocó en ella al niño y lo puso en un carrizal a la orilla del río.
>
> Y una hermana suya se puso a lo lejos, para ver lo que le acontecería.
>
> Y la hija de Faraón descendió a lavarse al río, y paseándose sus doncellas por la ribera del río, vio ella la arquilla en el carrizal, y envió una criada suya a que la tomase.
>
> Y cuando la abrió, vio al niño; y he aquí que el niño lloraba. Y teniendo compasión de él, dijo: De los niños de los hebreos es éste.
>
> Entonces su hermana dijo a la hija de Faraón: ¿Iré a llamarte una nodriza de las hebreas, para que te críe este niño?
>
> Y la hija de Faraón respondió: Ve. Entonces fue la doncella, y llamó a la madre del niño, a la cual dijo la hija de Faraón: Lleva a este niño y críamelo, y yo te lo pagaré. Y la mujer tomó al niño y lo crió.
>
> Y cuando el niño creció, ella lo trajo a la hija de Faraón, la cual lo prohijó...

Esta historia conocida sobre Moisés escondido en la arquilla de juncos es una de las historias que casi todas nosotras hemos aprendido cuando éramos niñas. Sabemos cómo la valiente e ingeniosa hermana mayor, María, salvó la vida del líder y legislador más importante de Israel.

Piensa en el valor que tuvo que tener una niña hebrea esclava para presentarse ante la princesa, la hija de un gobernador hostil, y sugerirle que le permitiera ir a buscar a alguien que pudiera criar a ese pequeño niño hebreo. Imagínate la agilidad mental que tuvo que tener María para que se le ocurriera un plan que no solo preservó la vida de su pequeño hermano, sino que también permitió que su propia madre pudiera criarlo abiertamente.

María tenía fuertes dones naturales. Pero tenía algo más. Obsérvala más tarde a sus ochenta años en Éxodo 15:20-21:

> Y María la profetisa, hermana de Aarón, tomó un pandero en su mano, y todas las mujeres salieron en pos de ella con panderos y danzas.
> Y María les respondía: Cantad a Jehová, porque en extremo se ha engrandecido; ha echado en el mar al caballo y al jinete.

María, la profetisa. Moisés, después de cuarenta años en el palacio egipcio y después de cuarenta años en el desierto de Madián, se había convertido en el portavoz renuente del Señor, Dios de Israel. Él había confrontado a los gobernadores egipcios no una, sino diez veces, para exigirles que liberaran al pueblo hebreo. Dios predominó sobre Faraón en una serie de milagros, y ahora los israelitas estaban sobre el lado este del Mar Rojo. Eran libres después de siglos de esclavitud. Estaban a salvo.

Mientras Moisés y todo el pueblo cantaban un cántico de alabanza a Dios por haberlos liberado impresionantemente del poder de los egipcios, María dirigió a las mujeres en un cántico y una danza. ¡Fue una escena maravillosa! Este debe haber sido uno de los momentos más importantes de la vida de María.

No sabemos mucho acerca de cómo usaba su don espiritual como profetisa. Sabemos que Dios le dio un rol de líder en la nación de Israel. El profeta Miqueas dice en el capítulo 6:4: "Porque yo te hice subir de la tierra de Egipto, y de la casa de servidumbre te redimí; y envié delante de ti a Moisés, a Aarón y a María".

María trabajaba con sus dos hermanos en el liderazgo del

pueblo de Dios. No conocemos los detalles específicos de su rol de liderazgo. Solo sabemos que era más que simplemente la hermana de dos hermanos famosos. Era parte del equipo.

Sería lindo que la intervención de María terminara aquí, con un resultado fructífero. Pero no es posible. Tenemos que pasar a la escena tres. La encontramos en Números 12:1-2:

> María y Aarón hablaron contra Moisés a causa de la mujer cusita que había tomado; porque él había tomado mujer cusita. Y dijeron: ¿Solamente por Moisés ha hablado Jehová? ¿No ha hablado también por nosotros? Y lo oyó Jehová.

¡Ay, ay! En vez de seguir en el equipo de Moisés, María y Aarón hablaron a espaldas de este. Observa cuidadosamente qué estaba sucediendo.

El argumento de su queja era que Moisés se había casado con una mujer cusita. Es posible que Séfora, su primera esposa, hija de Jetro, hubiera muerto, por lo que se había vuelto a casar. Esto no está claro en el texto bíblico. Lo que está claro es que una cusita no es una hebrea. Cus era la tierra que estaba al sur de Egipto. Esta mujer no era una hebrea. Era una extranjera.

Observa que mientras el argumento de su queja era el matrimonio de Moisés con esta mujer de Cus, las preguntas que hacían revelaban su verdadera queja: "...¿Solamente por Moisés ha hablado Jehová? ¿No ha hablado también por nosotros?...".

¿Cómo suena eso? ¿Podría ser que personas tan espirituales como un sumo sacerdote y una profetisa fueran envidiosas? ¿Estaban celosos? Dios aparentemente pensó que sí. Observa la respuesta de ellos en Números 12:6-8:

> ...Cuando haya entre vosotros profeta de Jehová, le apareceré en visión, en sueños hablaré con él. No así a mi siervo Moisés, que es fiel en toda mi casa.
>
> Cara a cara hablaré con él, y claramente, y no por figuras; y

verá la apariencia de Jehová. ¿Por qué, pues, no tuvisteis temor de hablar contra mi siervo Moisés?

Dios decidió que era tiempo de dejarles en claro tanto a María como a Aarón que, aunque ellos tenían dones espirituales, poder y prestigio, *no* estaban en la misma categoría que Moisés. María podría haber tenido visiones y sueños como una profetisa, pero Dios trataba con Moisés aun más directamente. María, esta brillante mujer, lo echó todo a perder. Dejó que su ambición egoísta la superara. Pensó que Moisés no tenía el monopolio de la comunicación divina. Dios la amonestó, porque Él no ve la arrogancia y la presunción como pecados pequeños.

Cuando empiezo a compararme con alguien del liderazgo, y comparo mis dones con los que Dios le ha dado a esa persona, me estoy exponiendo a la envidia y la ambición egoísta. El escritor del Nuevo Testamento, Santiago, habla no solo del peligro de esta clase de pensamiento, sino de lo que hay detrás. Encontramos su consejo en Santiago 3:13-16:

> ¿Quién es sabio y entendido entre vosotros? Muestre por la buena conducta sus obras en sabia mansedumbre.
>
> Pero si tenéis celos amargos y contención en vuestro corazón, no os jactéis, ni mintáis contra la verdad; porque esta sabiduría no es la que desciende de lo alto, sino terrenal, animal, diabólica.
>
> Porque donde hay celos y contención, allí hay perturbación y toda obra perversa.

María sucumbió. Le costaba aceptar la posición que Dios le había asignado. Ella tenía un lugar privilegiado en Israel. Era una de los tres líderes de la nación. Tenía un don espiritual impresionante. Pero perdió su perspectiva, criticó a su hermano Moisés y, en el proceso, criticó a Dios.

Milton, el poeta inglés, dijo que el infierno es una democracia, mientras que el cielo es una teocracia. Nadie tiene que votar a Dios. Los ángeles no deciden qué rol quieren desarrollar, si de serafines o querubines. Dios toma esas decisiones. Lo mismo sucede para con nosotros. Él es el mismo Dios que nos da nuestros dones y nos asigna un lugar donde usarlos. Él sabe qué dones necesitamos y cómo podemos adecuarnos mejor a sus planes para el reino. Adoptamos una mentalidad peligrosa cuando decidimos que somos mejores jueces que Dios de nuestros dones, lugar y servicio. María no tuvo cuidado de esto.

Dios trató con ella fulminante e infaliblemente. Ella se volvió leprosa: se cubrió de lepra, la enfermedad más abominable conocida en la Antigüedad. Contagiosa y ahora marginada de los israelitas por la cuarentena, era rechazada por las mismas personas que ella había impresionado con su jerarquía.

Al leer el relato en Números 12, ¿no te extraña que tanto Aarón como María se hubieran quejado contra Moisés, pero solo María se enfermó de lepra? ¿No te parece injusto?

Observa en el versículo 1 el nombre que aparece primero: el de María. El texto hebreo dice: "María y Aarón hablaron contra Moisés...". María era la cabecilla. Tal vez, Aarón fue otra vez el hombre doblegable, que en el monte Sinaí había permitido que el pueblo lo convenciera de hacer un becerro de oro.

En el castigo de María, vemos su categoría. A aquel que mucho se le da, nos recuerda Jesús, mucho se le demandará. María era una persona fuerte. Merecía un castigo fuerte.

En Números 12, vemos cómo termina la historia. Durante siete días, María fue expulsada del campo israelita. Durante siete días, se suspendió el avance a la Tierra Prometida. Durante siete días, el pueblo de Dios esperó. María había malinterpretado sus dones y su llamado, y en el proceso, había dañado el avance de todos. Solo después de haber tenido siete días para pensar otra vez en las cosas y de sincerar su actitud, Dios escuchó la oración de Moisés y la sanó.

Cuando recibimos dones espirituales del Señor, no podemos

hacer un mal uso de ellos sin dañar al pueblo de Dios. Cualquiera sean nuestros dones, debemos usarlos con el espíritu correcto. O podríamos hacer mal en lugar de bien.

Los dones espirituales vienen de Dios. Él quiere que los usemos. Del ejemplo de Hulda, aprendemos que cuando tenemos dones espirituales, debemos usarlos sin excesiva modestia, sin disculpas, sin vacilar ni andar con rodeos. *Dios* nos ha dado estos dones. El cielo no es una democracia donde se nos pide que votemos por los dones que queremos, sino que recibimos lo que el Dios bueno y soberano nos quiera dar.

¿Cómo te sientes con los dones espirituales que Dios te ha dado? ¿Te sientes cómoda con ellos? Tal vez, tengas dones que te desconcierten. ¿Es tu don la enseñanza? ¿Dónde puedes usar ese don? Comienza por las oportunidades que Dios te presente. Aprende de los errores de María a no sobreestimar tu don. Y no insistas en usarlo solo en lugares de obvio liderazgo. Tal vez, Dios quiera que uses ese don con niños de tres años por un tiempo. Pon a prueba tu don donde Dios abra la puerta para ti. Comienza donde te permitan empezar. Cuando hayas puesto a prueba tu don en un lugar, otra puerta se abrirá.

El primer paso que todas debemos dar es aceptar los dones que Dios nos ha dado para beneficio de su pueblo. Debemos sacarlos del estante de nuestra vida, desenvolverlos y usarlos. Debemos usarlos, no con una ambición egoísta, sino con humildad para la gloria de Dios. Si tenemos una actitud santa y una disposición a usar nuestros dones libre y plenamente, nos sorprenderemos de todo lo que Dios puede llegar a hacer a través de nosotras.

Puede que pienses que Dios ha cometido un error y te ha dado un don que tú sabes que no puedes usar. Si crees que Dios es soberano y bueno, entonces debes creer que Él dispuso que usaras un don del cual tú piensas que no tienes aptitud o interés. El problema podría ser una simple cuestión de práctica en el uso de ese don.

Por muchos años, he dado clases de piano a principiantes. Sé que con la práctica se perfecciona. Lo opuesto también es verdad:

sin practicar no se puede perfeccionar. Muchos dones espirituales deben perfeccionarse por medio de la práctica para que podamos sentirnos cómodas al usarlos. Practicamos para ser diestras en el uso de nuestros dones.

Tengo dos amigas que ahora son concertistas de piano. Ambas comenzaron a estudiar piano con las mismas canciones simples para tocar con dos dedos y un sin fin de escalas. Y llegaron a donde están hoy, porque se preocuparon tanto por la música que le dedicaron interminables horas de práctica. ¿Podemos encontrar atajos para un servicio diestro para Dios? No. La práctica perfecciona.

Al mismo tiempo, al usar nuestros dones para el pueblo de Dios, el poder divino obrará por medio de ellos. Estos dones son, después de todo, la expresión del poder y la presencia de Dios en nuestra vida. Son la evidencia de su obra en nosotros. Pueden transformarnos, mientras los ponemos en práctica. Esta es suficiente razón para desenvolverlos y usarlos.

Decide usar tus dones. Úsalos como Hulda: espontáneamente, sin disculpas, sin excusas. Úsalos dónde y cómo Dios te indique. Úsalos solo para la gloria de Dios.

Preguntas para la discusión grupal o la reflexión personal:
1. ¿Qué dones espirituales has recibido de Dios?
2. ¿Cómo sabes que los tienes?
3. Describe cómo has perfeccionado tus dones para un servicio más eficaz.
4. Describe las maneras en que usas tus dones.

10

ESTER

CÓMO USAR EL PODER EN BENEFICIO DE OTROS

¿Estás lista para hacer un viaje repentino sobre una alfombra mágica a la antigua tierra de *Las mil y una noches*? Partiremos hacia Persia cuando era el imperio más grande de la Tierra, más grande que cualquier imperio que alguna vez haya existido. Así que agárrate fuerte, mientras volamos por el aire bien relajadas hacia la majestuosa y lujosa capital de Persia llamada Susa (o Susán de acuerdo a algunas versiones bíblicas).

Mientras descendemos en Susa, conocida como "la ciudad de los lirios", podemos ver el magnífico palacio de verano que resplandece a la luz del sol mesopotámico. Al descender en un suave aterrizaje sobre el patio exterior del palacio, nos maravillamos ante las grandes columnas de mármol que nos rodean. Cordones de fino hilo blanco y tela púrpura que pasan por anillos de plata están sujetos a las columnas de mármol. De estas cuelgan suntuosas cortinas de lino azul y blanco, a través de las cuales obtenemos la amplia perspectiva del jardín del gobernante más poderoso de la Tierra. Su nombre según la versión Reina-Valera es Asuero. La Nueva Versión Internacional nos brinda su identificación histórica de Jerjes.

De nuestros libros de historia, leyendas y escritos persas, conocemos bastante acerca de Jerjes. No era una persona particularmente agradable para tener cerca. A decir verdad, no podrías estar segura de tu propio futuro si estuvieras cerca de Jerjes y dieras un paso en falso. Era un tirano caprichoso. Su voluntad era incuestionable. Tenía el poder de la vida y la muerte con tan solo asentir con su cabeza.

Por ejemplo, cuando Pitio, uno de sus funcionarios de gobierno, le ofreció cuatro millones de dólares para costear una de las campañas militares de Persia, Jerjes estaba tan complacido que rechazó el dinero y le dio a Pitio un regalo a cambio. Sin embargo, cuando Pitio más tarde le sugirió que tal vez su hijo mayor podría ser eximido de pelear en esa campaña, Jerjes se enfureció tanto que cortó al muchacho por la mitad e hizo marchar a su ejército entre las partes. En pocas palabras, Jerjes era temperamental.

En otra oportunidad, una tormenta en el mar destruyó trescientos de sus barcos. Jerjes tomó un látigo, fue a la orilla del mar y golpeó el mar trescientas veces —una vez por cada barco— a manera de castigo.

Jerjes era un déspota, un gobernante absoluto, que podía ser generoso un minuto y vengativo al minuto siguiente. Con frecuencia, perdía el control de su temperamento. Fue el dictador más grande de su época; un hombre cuya reflexión más profunda era una orden, y en cuya presencia era un delito presentarse sin ser invitado.

En el desarrollo de nuestra historia del libro de Ester, se está preparando un banquete en el palacio de Susa. Sátrapas o príncipes, cortesanos y gobernadores de ciento veintisiete provincias de Persia, que abarcaban desde la India hasta Etiopía, se reunieron para el convite. Durante ciento ochenta días, Jerjes había mostrado todas las riquezas de la gloria de su reino, y el brillo y la magnificencia de su poder (1:4). Ahora, estaba en curso otro banquete de siete días.

Los reclinatorios de los invitados eran de oro y plata. Los vasos en los que bebían eran de oro, cada uno con diferente diseño, y se servían a petición de cada invitado. ¿Puedes imaginarte la condición de estas personas después de siete días de bebida libre?

El séptimo día, el ebrio rey Asuero tuvo una idea. ¿Por qué no presentar a la bellísima reina Vasti? Según palabras de Ester 1:11, ella "era hermosa". Por lo tanto, los siete eunucos que cuidaban del harén de Asuero fueron por ella. Ahora conocemos el segundo personaje de nuestra historia, la majestuosa reina Vasti. Tú y yo la conocemos, pero los invitados de Asuero no pudieron conocerla. Vasti hizo lo impensable. No quiso comparecer ante la orden del rey. Asuero vio esto como una rebelión que debía cortarse de raíz. De lo contrario, la insurrección de una mujer podría propagarse por todo el reino. Inmediatamente, se le quitó la corona y se le destituyó de su posición de reina. Lee la conclusión del procedimiento en Ester 1:16-22:

> Y dijo Memucán delante del rey y de los príncipes: No solamente contra el rey ha pecado la reina Vasti, sino contra todos los príncipes, y contra todos los pueblos que hay en todas las provincias del rey Asuero.
>
> Porque este hecho de la reina llegará a oídos de todas las mujeres, y ellas tendrán en poca estima a sus maridos...
>
> Y entonces dirán esto las señoras de Persia y de Media que oigan el hecho de la reina, a todos los príncipes del rey; y habrá mucho menosprecio y enojo.
>
> Si parece bien al rey, salga un decreto real de vuestra majestad y se escriba entre las leyes de Persia y de Media, para que no sea quebrantado: Que Vasti no venga más delante del rey Asuero; y el rey haga reina a otra que sea mejor que ella.
>
> Y el decreto que dicte el rey será oído en todo su reino, aunque es grande, y todas las mujeres darán honra a sus maridos, desde el mayor hasta el menor.
>
> Agradó esta palabra a los ojos del rey y de los príncipes, e hizo el rey conforme al dicho de Memucán; pues envió cartas a todas las provincias del rey, a cada provincia conforme a su escritura, y a cada pueblo conforme a su lenguaje, diciendo que todo hombre afirmase su autoridad en su casa; y que se publicase esto en la lengua de su pueblo.

Vasti fue destituida. Ella fue una mujer que tuvo el coraje

de negarse a cumplir una orden indecente de su esposo. La costumbre nacional era que una mujer no debía aparecer sin velo en presencia de hombres, especialmente en estado de ebriedad, alborozados. Vasti es parte de la historia hoy día, no por ser hermosa, sino por tener carácter. Ella tenía respeto por sí misma. Sabía cuál era el costo. Era consciente de que tendría que enfrentar la destitución de la corte, posiblemente aun la muerte. Pero apreciaba el honor más que la vida misma. Vasti fue destituida. Honramos su recuerdo como una mujer de coraje.

¿Y ahora qué? Asuero ya tenía un legendario harén o serrallo lleno de hermosas mujeres. Él podía tener una mujer diferente en la cama cada noche. Pero se cansó de eso y aceptó que era tiempo de reemplazar a Vasti.

¿Cómo debía hacerlo? ¿Por qué no por medio de un concurso de belleza? Entonces ordenó a sus oficiales que recorrieran las ciento veintisiete provincias de Persia y buscaran a las vírgenes más hermosas. Luego debían llevarlas al palacio de Susa para que se las sometiera a un tratamiento de belleza requerido antes de la presentación ante el rey. Y ¡vaya, qué tratamiento de belleza! Durante todo un año, recibían un cuidado que comenzaba con seis meses de ungüentos de aceite de mirra, seguidos por seis meses de tratamiento con perfumes y cosméticos.

El concurso estaba en marcha. Las mujeres más hermosas del imperio habían sido llevadas a Susa. Ahora es cuando encontramos a un judío llamado Mardoqueo, que tenía una hermosa hija adoptiva llamada Hadasa en hebreo o Ester en persa.

Esta muchacha judía huérfana, adoptada y criada por su primo Mardoqueo, "era de hermosa figura y de buen parecer"; por lo que fue elegida para presentarse ante el rey. Durante su año de preparación en el harén, le provocó una espléndida impresión a Hegai, el eunuco a cargo. Cuando le llegó el turno de pasar una noche con el rey Asuero, este también se enamoró de esta encantadora muchacha judía.

¿Qué sentirías si estuvieras en la posición de Ester? ¿Si tuvieras conocimiento de Asuero y de su temperamento malvado y caprichoso? ¿Si tuvieras conocimiento de lo sucedido a Vasti? ¿Si no estuvieras propiamente feliz de ser parte de su harén? Cuando Ester se encontró en el palacio del rey, lo aceptó con gallardía. Ella sacó el mejor provecho de una situación que hubiera querido evitar.

Asuero colocó la corona del reino sobre la cabeza de Ester, ofreció un gran banquete en su honor y proclamó un día festivo en todo el imperio para reconocer su ascensión al trono. Pero no creas que Ester era una verdadera soberana con derecho absoluto. Recuerda lo que le sucedió a Vasti. Ester sabía que tenía poco poder. Antes de proseguir con nuestra historia, tenemos que conocer a un personaje más, un agagueo llamado Amán. Un agagueo era un amalecita, y Amán era un hombre con una larga historia de odio hacia los judíos. Además era un hombre que no sabía cuándo detenerse. Y más aún, era el segundo hombre de la corte persa.

Cuando Amán iba y venía cada día de su casa al palacio, pasaba junto al judío Mardoqueo, el primo de la reina Ester, que se sentaba a la puerta. Asuero había mandado que todos se inclinaran y rindieran homenaje a Amán, pero Mardoqueo tenía una idea diferente. En Ester 3:5-6 leemos:

> Y vio Amán que Mardoqueo ni se arrodillaba ni se humillaba delante de él; y se llenó de ira. Pero tuvo en poco poner mano en Mardoqueo solamente, pues ya le habían declarado cuál era el pueblo de Mardoqueo; y procuró Amán destruir a todos los judíos que había en el reino de Asuero, al pueblo de Mardoqueo.

La mente malvada de Amán comenzó a maquinar un plan. Cada día trataba de escoger el momento más propicio, hasta que finalmente habló con el rey Asuero:

> ...Hay un pueblo esparcido y distribuido entre los pueblos

en todas las provincias de tu reino, y sus leyes son diferentes de las de todo pueblo, y no guardan las leyes del rey, y al rey nada le beneficia el dejarlos vivir.

Si place al rey, decrete que sean destruidos; y yo pesaré diez mil talentos de plata a los que manejan la hacienda, para que sean traídos a los tesoros del rey.

El rey estuvo de acuerdo, y casualmente el día 13 de diciembre de aquel año, todos los judíos del imperio persa serían asesinados. Con el sello del anillo del rey Asuero sobre los documentos, el plan de Amán se convirtió en ley. Y la ley de Media y de Persia no podía rescindirse. "La orden de destruir, matar y exterminar a todos los judíos, jóvenes y ancianos, niños y mujeres" fue enviada por carta a todas las provincias del imperio. El capítulo 3 de Ester cierra con la declaración de que "...el rey y Amán se sentaron a beber; pero la ciudad de Susa estaba conmovida".

En medio de todo esto, Ester, la hermosa reina, se encontraba recluida en el palacio, sin ver el sufrimiento, sin perturbación, sin ser consciente del destino fatal que le esperaba a su pueblo, y tal vez a ella misma. Entonces, un día escuchó que Mardoqueo estaba sentado a la puerta del palacio vestido de cilicio y ceniza. Cuando envió a un criado con vestidos limpios para hacer que Maradoqueo se cambiara, a la vuelta de aquel, se enteró de la treta de Amán y del edicto del rey que sellaba el destino fatal de todos los judíos del reino. Mardoqueo le envió una copia del edicto del rey y le pidió que se presentara ante el rey Asuero para pedir a favor de su pueblo. Lo que sigue es el centro de nuestra historia, registrada en Ester 4:9-17:

Vino Hatac y contó a Ester las palabras de Mardoqueo.

Entonces Ester dijo a Hatac que le dijese a Mardoqueo:

Todos los siervos del rey, y el pueblo de las provincias del rey, saben que cualquier hombre o mujer que entra en el patio interior para ver al rey, sin ser llamado, una sola ley hay respecto a él: ha de morir; salvo aquel a quien el rey extendiere el cetro de oro, el cual vivirá; y yo no he sido llamada para ver al rey estos treinta días.

Y dijeron a Mardoqueo las palabras de Ester.

Entonces dijo Mardoqueo que respondiesen a Ester: No pienses que escaparás en la casa del rey más que cualquier otro judío. Porque si callas absolutamente en este tiempo, respiro y liberación vendrá de alguna otra parte para los judíos; mas tú y la casa de tu padre pereceréis. ¿Y quién sabe si para esta hora has llegado al reino?

Y Ester dijo que respondiesen a Mardoqueo:

Ve y reúne a todos los judíos que se hallan en Susa, y ayunad por mí, y no comáis ni bebáis en tres días, noche y día; yo también con mis doncellas ayunaré igualmente, y entonces entraré a ver al rey, aunque no sea conforme a la ley; y si perezco, que perezca.

Entonces Mardoqueo fue, e hizo conforme a todo lo que le mandó Ester.

Ester tuvo que tomar una decisión. Ella podría haber seguido encubriendo su condición de judía. Probablemente pudo haber pasado el resto de sus días como la primera dama del harén del rey Asuero. Pudo haber vivido en esplendor y lujo.

O podía tomar la vida en sus manos y hacer todo lo posible para evitar la ley del rey y salvar a su pueblo. Ester llegó a comprender que su posición no era un privilegio para disfrutar, sino una gran responsabilidad para salvar a otros. Su pueblo estaba en peligro. El problema de su pueblo se convirtió en su problema. Era su responsabilidad salvar a su raza porque ella estaba en la mejor posición de hacerlo.

¿A dónde ha llevado Dios tu vida hoy? Seguramente no al harén de una corte persa. Tampoco es probable que la destrucción de toda una raza penda de una decisión que debas tomar hoy o la próxima semana. Cualquiera sea el lugar en el que te encuentres, cualquiera sea la situación que estés enfrentando, escucha las palabras de Mardoqueo; porque son pertinentes para nosotras en la actualidad también: "¿Y quién sabe si para esta hora has llegado al reino?".

Algunas veces, como mujeres, lamentamos la insignificancia de nuestros desafíos y las limitaciones de nuestra influencia permanentemente. Puede que nos sintamos que tenemos poca utilidad para Dios. Debemos recordar que las manos del Dios soberano están sobre nuestra vida y que Él sabe lo que podemos hacer. Cualquiera sea la tarea que Dios ponga en tus manos hoy, mañana o la próxima semana, nunca será insignificante, nunca será intrascendente. Dios te ha llevado a la posición y al lugar que tienes hoy en tu vida con un propósito divino.

Cuando Ester entendió las palabras de Mardoqueo, ella aceptó el reto y dijo: "*Haré* lo que tenga que hacer 'y si perezco, que perezca'". Casi podemos ver su columna rígida, con su frente bien en alto. Su firmeza es sorprendente en vista de su formación para ser una muchacha sumisa y sensual del harén. Pero igual que otras mujeres hebreas, cuyas historias conocemos, Ester encontró fortaleza interior para hacer lo adecuado en el momento indicado.

Todas nosotras conocemos personas que parecen no tener miedo. Estas personas hacen cualquier cosa sin ningún sobresalto, sin mirar atrás. Las admiramos, pero sabemos que no podemos imitarlas porque tenemos muchos miedos personales. Nunca podríamos ser iguales a ellas.

Podemos identificarnos con alguien que tiene miedo. Ester tenía miedo. Podemos sentirlo en la respuesta que le dio a Mardoqueo. Lo sentimos cuando pidió que los judíos de Susa ayunaran tres días ante el Señor a favor de ella. Lo vemos en la evaluación realista que ella hace de su situación al decir: "...y si perezco, que perezca".

Cuando vemos a alguien que *tiene* miedo, pero que es capaz de sobreponerse a él y de tomar la decisión más riesgosa de su vida, vamos más allá de admirar a dicha persona. Pensamos: *Sí, tal vez pueda sobreponerme a mis miedos y hacer lo que Dios ha colocado en mis manos.* Que tengamos coraje no significa que no tendremos miedo. Significa que no nos dejaremos influenciar por nuestro miedo.

¿Qué harías si estuvieras en el lugar de Ester? ¿Si supieras que presentarte ante el rey sin ser invitada seguramente podría significar tu muerte? ¿Si supusieras que has perdido el favor para con el rey porque hace treinta días que él no te invita?

Probablemente, pensarías tu estrategia con detenimiento. ¡Al menos deberías hacerlo! Ester lo hizo. Ella se preparó con cuidado y también preparó una cena suntuosa para tres.

Luego, en sus ropas reales, caminó lentamente desde el cuartel de las mujeres, atravesando las grandes arcadas bajo las cortinas de lino azul y blanco, hasta llegar al patio interior. Entonces, se detuvo y se paró a la entrada de la habitación real, donde Asuero pudiera verla.

¿Puedes sentir lo que debe haber sentido Ester en aquel momento? ¿Los latidos de su corazón? ¿Los escalofríos que recorrían su columna vertebral de arriba a abajo? ¿La transpiración de sus manos? Si puedes sentir lo que ella sintió, entonces podrás sentir su gran alivio cuando Asuero alzó y extendió su cetro dorado hacia ella. Por el momento, al menos, estaba a salvo.

Cuando Asuero le preguntó cuál era su petición, en vez de contarle impulsivamente las malas noticias con respecto a su edicto y el pueblo judío, ella simplemente lo invitó a él y a Amán a un banquete. Asuero en seguida convocó a Amán, y los tres partieron hacia el agasajo que Ester había preparado.

Otra vez, Asuero le preguntó a Ester cuál era su petición. Y otra vez ella lo invitó a él y a Amán a un segundo banquete que se realizaría al día siguiente. ¿Estaba ella dilatando el asunto? ¿O estaba preparando la escena con gran cuidado? Ella y el pueblo de Dios habían ayunado y orado por su encuentro con el rey. De alguna manera, Dios la guió a saber cuál era el momento oportuno. El primer banquete no lo había sido.

Seguramente habrás tenido esta experiencia, cuando de alguna manera, sabías en tu interior que no era el momento oportuno de hacer algo que debías hacer. Entonces, decidiste esperar y más tarde entendiste por qué. Algo pasó mientras esperabas que cambiara la situación a tu alrededor. Eso le sucedió a Ester. ¿Recuerdas a Amán? Aquel día se retiró del banquete de muy buen humor. Pero cuando pasó por las puertas del palacio, se enfureció. En Ester 5:9, leemos que "...cuando vio a Mardoqueo a la puerta del palacio del rey, que no se levantaba ni se movía de su lugar, se llenó de ira contra Mardoqueo". En los siguientes dos capítulos de Ester, vemos lo que puede suceder cuando nos enfocamos en lo negativo en vez de enfocarnos en las cosas buenas que tenemos.

Desde el mar Mediterráneo hasta el Golfo Pérsico, no había nada que Amán no pudiera tener con tan solo pedirlo. ¿Mujeres? ¿Piedras preciosas? ¿Alimentos exóticos? Amán lo podía tener todo. De alguna manera, nada de eso le importaba al pensar en el agravio de Mardoqueo. Él se olvidó de todo lo que tenía y enfocó su mente en una cosa que no podía tener. Y permitió que una cosa destruyera su felicidad. Aquello posteriormente arruinó su familia y le costó la vida.

Por consejo de su esposa y amigos, mandó a hacer una horca de casi veintitrés metros de alto para colgar a Mardoqueo.

En su furia, decidió que al día siguiente le pediría permiso a Asuero para ejecutar a Mardoqueo. No podía esperar hasta el 13 de diciembre para verlo ejecutado junto a los otros judíos.

Mientras tanto, nuevamente en el palacio, Asuero estaba pasando una noche de insomnio. ¿Qué mejor manera de quedarse dormido que hacer que le leyeran las crónicas de su reino? Mientras el criado leía las crónicas, notó que el judío Mardoqueo había descubierto un complot contra Asuero y lo había reportado al rey por medio de Ester.

—¿Qué honra o qué distinción se hizo a Mardoqueo por esto? —preguntó el rey.

—Nada se ha hecho con él —respondieron los servidores. Justo entonces Amán entró al patio exterior para hablar con el rey sobre la ejecución de Mardoqueo en la horca.

—Que entre Amán —ordenó el rey, y luego le preguntó—. ¿Qué se hará al hombre cuya honra desea el rey?

Amán pensó que el rey estaba hablando de él, así que le sugirió una ostentosa procesión para honrar a dicho hombre. ¿Puedes imaginarte cómo se sintió cuando se enteró de que tenía que hacer cumplir una procesión de ese estilo justamente para Mardoqueo? ¡Qué desdichada vuelta del destino!

Aquel era el momento oportuno. Ya estaba preparado el terreno. Asuero necesitaba que le recordaran la lealtad de Mardoqueo y su disposición de salvar la vida del rey *antes* que Ester hablara del edicto contra los judíos. En el segundo banquete, cuando Asuero le preguntó a Ester cuál era su petición, ella le suplicó por dos cosas: por su vida y la vida de su pueblo, y dijo: "…Hemos sido vendidos, yo y mi pueblo, para ser destruidos, para ser muertos y exterminados…".

Asuero estalló. ¿Quién se atrevería a hacer semejante cosa? La respuesta de Ester no se demoró: "…El enemigo y adversario es este malvado Amán…". Enfurecido, Asuero se levantó y salió al jardín del palacio a pensar en su próximo paso. En eso, Amán se volvió a equivocar. Se arrodilló a los pies de Ester para suplicarle, pero cayó sobre el lecho donde estaba recostada. Al regresar, Asuero interpretó mal la escena. "…¿Querrás también violar a la reina en mi propia casa?…". Después de eso, encapucharon a Amán para ejecutarlo inmediatamente en la misma horca que habían preparado para Mardoqueo.

Por fin, Amán salió de escena, desapareció para siempre. Pero el edicto aún continuaba. La ley de Media y Persia no podía abrogarse. Los judíos seguían rumbo a la matanza a menos que…

A menos que Asuero redactara otro edicto que les permitiera a los judíos defenderse, y aun más, destruir, matar y aniquilar cualquier ejército que pudiera atacarlos. Asuero redactó el segundo edicto rápidamente y lo envió a todos los gobernadores de todas las provincias del imperio. Los judíos no solo podían defenderse sino atacar a sus enemigos para destruirlos.

Llegó el 13 de diciembre, y en Ester 9:1 leemos: "...el mismo día en que los enemigos de los judíos esperaban enseñorearse de ellos, sucedió lo contrario; porque los judíos se enseñorearon de los que los aborrecían". Lee el capítulo 9 para tener los detalles horrorosos del hecho si lo deseas. La victoria de Ester fue más que moderada. Ese día murieron más de setenta y cinco mil enemigos de los judíos. El 13 de diciembre se convirtió en un feriado nacional para los judíos, Purim, cuando se celebra el día que Dios los liberó de sus enemigos persas.

¿Dónde te encuentras hoy? ¿Quién sabe para qué hora has llegado al reino? Puede que te encuentres en dificultades y llena de problemas. La carga parece demasiado pesada de llevar. Estos factores podrían ser la misma razón por la que Dios te colocó a *ti* donde estás y no a otra persona con menos fortaleza o menos entendimiento. Tal vez, Él te ha colocado donde estás porque sabe que podrás cumplir tu asignación con honor.

El libro de Ester es el único libro de la Biblia en el cual el nombre de Dios no aparece de ninguna manera. Pero eso no significa que Él no estuviera allí. Su propósito no dejó de cumplirse por medio del insomnio de un rey, un criado que leía ciertas crónicas del reino y una joven judía huérfana elegida como reina. Ningún libro de la Biblia enseña la soberanía y la providencia de Dios más claramente que Ester.

James Russell Lowell captó esta verdad cuando escribió:

> Detrás de la oscura confusión
> de incógnito está Dios
> cuidando de su creación.

¿Eres consciente de esto? ¿Puedes enfrentar cada día con la

seguridad de que las dificultades de tu vida están en las manos de Dios? Puede que Él parezca invisible, pero nunca abandona el timón del universo. La causa de Dios siempre está a salvo. El drama de nuestra vida es el drama de Dios.

Amán era *grande*. Era poderoso. Casi gana. Pero no ganó. Asuero era *grande*. Era más poderoso que Amán. Pero aun en su veleidad, no pudo destruir al pueblo de Dios. Ester necesitaba un Dios grande que la acompañara ante la presencia del rey. Necesitaba confiar en un Dios grande para pedir por la liberación de su pueblo. Y tuvo éxito porque *tenía* un Dios grande.

Al igual que Ester, necesitamos un Dios grande al enfrentar las dificultades de la vida. La buena noticia es que *tenemos* un Dios grande. Él está presente. Él cuida de nosotras. Él obrará a nuestro favor. Cada día podemos vivir resueltamente porque sabemos, como el poeta, que:

> Detrás de la oscura confusión
> de incógnito está Dios
> cuidando de su creación.

Preguntas para el debate grupal o la reflexión personal:

Algunas veces como mujeres cristianas, nos encontramos en situaciones en las cuales debemos tomar decisiones difíciles.

1. ¿Es mejor tratar de cambiar las situaciones difíciles o simplemente apretar los dientes y soportar? Explica tu respuesta.
2. Si decidimos tratar de cambiar las situaciones difíciles, ¿qué factores deberíamos tener en mente?
3. ¿Cómo deberíamos ver la voluntad de Dios cuando estamos en dificultades?
4. ¿Qué significa poner nuestra confianza en Dios cuando estamos en dificultades?

11

LA MUJER DE PROVERBIOS 31

CÓMO MANTENER EN ORDEN TUS PRIORIDADES

¿Cómo te sientes cuando alguien menciona la mujer de Proverbios 31? Yo he visto que a algunas mujeres se les ponen los ojos vidriosos, y otras murmuran: "¡No me hables de la mujer de Proverbios 31! ¡No me hace falta!".

Hay algo acerca de este modelo de virtud femenina que nos hace sentir incómodas a muchas de nosotras. Cuando los predicadores la usan —especialmente el día de las madres— como un molde para nuestra vida, pocas encajamos en él. Ese es el problema que muchas enfrentamos cuando leemos acerca de la mujer de Proverbios 31.

Busca Proverbios 31 ¡y mira a qué te tienes que enfrentar! La descripción de esta mujer se encuentra en los versículos 10-31:

Mujer virtuosa, ¿quién la hallará?

Porque su estima sobrepasa largamente a la de las piedras preciosas.

El corazón de su marido está en ella confiado, y no carecerá de ganancias.

Le da ella bien y no mal todos los días de su vida.

Busca lana y lino, y con voluntad trabaja con sus manos.

Es como nave de mercader; trae su pan de lejos.

Se levanta aun de noche y da comida a su familia y ración a sus criadas.

Considera la heredad, y la compra, y planta viña del fruto de sus manos.

Ciñe de fuerza sus lomos, y esfuerza sus brazos.

Ve que van bien sus negocios; su lámpara no se apaga de noche.

Aplica su mano al huso, y sus manos a la rueca.

Alarga su mano al pobre, y extiende sus manos al menesteroso.

No tiene temor de la nieve por su familia, porque toda su familia está vestida de ropas dobles.

Ella se hace tapices; de lino fino y púrpura es su vestido.

Su marido es conocido en las puertas, cuando se sienta con los ancianos de la tierra.

Hace telas, y vende, y da cintas al mercader.

Fuerza y honor son su vestidura; y se ríe de lo por venir.

Abre su boca con sabiduría, y la ley de clemencia está en su lengua.

Considera los caminos de su casa, y no come el pan de balde.

Se levantan sus hijos y la llaman bienaventurada; y su marido también la alaba: Muchas mujeres hicieron el bien; mas tú sobrepasas a todas.

Engañosa es la gracia, y vana la hermosura; la mujer que teme a Jehová, ésa será alabada.

Dadle del fruto de sus manos, y alábenla en las puertas sus hechos.

¡Bien! ¿Cómo te sientes al leer *eso*? La mismísima supermujer. Cuando leemos acerca de la mujer de Proverbios 31, a menudo la ignoramos, con la certeza de que no puede ser una mujer en serio.

Esta mujer puede hacer *de todo*. Supervisa todo el trabajo doméstico. Cuida de sus hijos. Hace feliz a su esposo. Lo ayuda a salir adelante en la vida. Además, cierra buenos tratos inmobiliarios y maneja su propia empresa de manufactura. Como si esto no fuera suficiente, cose su propia ropa, siempre habla con sabiduría y bondad, y nunca deja de confiar en el Señor. ¡Qué más se puede pedir!

En lo más íntimo de nuestro ser, a muchas nos *gustaría* ser capaz de hacer todo eso. Nos gustaría sentir la fuerte autoestima y seguridad propia de ser así. Pero lo que nos sucede a muchas es que nos bloqueamos al tratar de ser todo para todos y al hacer malabares entre la vida familiar, la vida social y los compromisos fuera de nuestro hogar. Terminamos desplomadas y con el sentimiento de ser un total fracaso. Estamos seguras de que las personas que nos rodean no entienden ni aprecian todo lo que hemos tratado de hacer por ellas.

Natasha Josefowitz describió a la moderna supermujer norteamericana de la siguiente manera:

> Es una madre perfecta,
> la esposa modelo,
> la mejor ama de casa,
> la mejor cocinera,
> la hija más disponible,
> la trabajadora más eficiente,
> la amiga más servicial.
> Es maravillosa para
> manejar el hogar y su profesión
> con una constante sonrisa
> y una equilibrada disposición.
> Es todo
> para todos.
> Pero ¿quién es *ella*?

Ante el riesgo de perder de vista quiénes somos en nuestro loco ajetreo por el síndrome de la supermujer, podríamos aprender algo valioso de la mujer de Proverbios 31. Lejos de ser un modelo imposible, podría terminar siendo una guía liberadora para aquellas que necesiten ayuda.

Podemos encontrar un *pequeño* consuelo en el hecho de que el escritor la presenta mediante una pregunta: "Mujer virtuosa, ¿quién la hallará? Porque su estima sobrepasa largamente a la de las piedras preciosas". Al menos es alentador saber que es una mujer poco común. Si todas las mujeres de mi vecindario fueran como la mujer completa de Proverbios 31, y yo fuera la única que no puede compararse a la mujer virtuosa, sería aun más deprimente.

Pero el hecho de que la mujer virtuosa podría ser poco común no debería impedirnos aprender de ella. Después de todo, está en la Biblia. No podríamos hacer como si no estuviera allí e ignorarla. Pero como mujeres cristianas que queremos tomar nuestra vocación cristiana en serio, no podemos eludir este pasaje. Más bien, necesitamos analizar más detenidamente a la mujer modelo que podría ayudarnos a mantener en orden *nuestras* prioridades en la vida.

Lo que observamos al analizarla más detenidamente es una mujer caracterizada por lo que los hebreos denominaban *kjokmá*: sabiduría. No es que tuviera un alto coeficiente intelectual. Podría haberlo tenido. Pero ella poseía algo más. Tenía *kjokmá*: tenía talento para vivir. Sabía cómo ordenar sus prioridades para concentrarse en lo que era importante.

Kjokmá. Al analizar esta interesante palabra en Éxodo 31, vemos que se refiere a un talento que viene de Dios. Bezaleel tenía *kjokmá* para toda clase de labor. El Espíritu de Dios le había dado talento "para inventar diseños, para trabajar en oro, en plata y en bronce, y en artificio de piedras para engastarlas, y en artificio de madera; para trabajar en toda clase de labor" (vv. 4-5). Otro israelita, Aholiab, también tenía *kjokmá*, un talento inspirado por Dios para tramar los elaborados diseños de las vestiduras tejidas para los sacerdotes y el tabernáculo.

Kjokmá también es la clave de nuestra mujer de Proverbios 31. Ella tenía talento para vivir. Había vivido lo suficiente y bastante bien como para llegar a comprender cómo vivir con sabiduría.

Esto no es algo que venga automáticamente con la edad. Algunas personas nunca lo desarrollan. Es un talento que desarrollamos a medida que lo practicamos. Tenemos que desearlo y tenemos que estar dispuestas a practicarlo para perfeccionarlo. Es *kjokmá*, un talento para vivir.

¿Cómo se manifiesta en acción este talento para vivir de nuestra mujer de Proverbios 31? En primer lugar, una mujer virtuosa es una sabia *administradora*. Su talento para vivir le permite administrar bien su tiempo, sus recursos y también sus propios dones y habilidades. Vamos a analizar brevemente cada una de estas facetas.

Primero, administraba bien su tiempo. Algo que leemos de ella podría desalentarnos un poco. Por ejemplo, en el versículo 15, leemos que ella se levantaba cuando todavía es de noche para alimentar a su familia.

Puesto que no soy una persona mañanera, no me levanto muy alegre. Tengo que estar en mi escritorio del Seminario de Denver a las ocho de la mañana todos los días. Desde que trabajo allí, probablemente el reto más grande que enfrento cada mañana es ¡llegar a tiempo al trabajo! No me gusta levantarme temprano, pero *sé* que administrar bien el tiempo significa levantarme temprano a la mañana.

Es fácil leer Proverbios 31 y concluir en que nuestra mujer virtuosa nunca dejaba de trabajar. Pero eso no es así. Evidentemente, ella tenía una espléndida relación con su esposo. Leemos en el versículo 11 que él tenía plena confianza en ella, porque el versículo 12 dice: "Le da bien y no mal todos los días de su vida".

Ella también tenía una buena relación con sus hijos. En el versículo 28, leemos: "Se levantan sus hijos y la llaman bienaventurada". Esta mujer no era solamente una dínamo bien vestida en constante movimiento. Le tomó tiempo edificar relaciones y tener la bondad en su boca.

Al mismo tiempo, usaba su tiempo libre con sabiduría. No lo perdía, sino que lo *invertía*. Si se te escapa el tiempo entre los dedos y cuando llegas al final del día, te preguntas qué lograste hacer, puede que necesites controlar en qué usas tu tiempo. Tal vez concluyas que puedes usarlo con mayor sabiduría con tan solo dejar de ver algún programa de televisión o no hablar tanto por teléfono. Una mujer sabia administra bien su tiempo, conoce su valor.

Segundo, administra bien sus recursos. Ella sabía que lo que realmente importa no es cuánto tiene sino cuán bien administra lo que tiene. Su esposo podía confiar en que no se hundirían financieramente por el uso desmedido de las tarjetas de crédito. Ella no tenía miedo del arduo trabajo de vivir al día para poder realizar alguna sabia inversión. Había aprendido las habilidades que hacían que la sabia administración fuera más fácil.

Tal vez, tú necesites administrar mejor tus recursos. Si el dinero es escaso, el primer paso, por supuesto, es dejar de gastar. Así es, declara una moratoria de *todos* los gastos. Rétate a ti misma a ver cuánto tiempo puedes pasar sin gastar *nada* de dinero. Podrías llegar a sorprenderte.

Un segundo paso es analizar lo que puedes hacer para economizar. Puede que tengas que comprar alimentos y medicamentos genéricos, preparar comida casera en vez de comprar comida hecha, aprender a coser o conformarte con tan solo caminar en vez de jugar al golf. Cuando es necesario, *siempre* hay una manera de ahorrar. La mujer virtuosa de Proverbios 31 administraba sabiamente sus recursos.

Tercero, una mujer virtuosa administra sus propios dones y habilidades sabiamente. A veces, cuando leemos Proverbios 31, nos sentimos tan abrumadas por todo lo que esta mujer virtuosa hacía, que ignoramos lo que *no* hacía. Parece como si lo hiciera todo. Pero no es así. Conforme al versículo 15, tenía criadas que le permitían concentrar sus esfuerzos en el ámbito de sus habilidades. Vemos su lado empresarial cuando salía de la casa y se ocupaba de los bienes raíces y la manufactura. Esta mujer de Proverbios 31 tenía dones que usaba fuera de su casa. Ella dejaba muchas tareas domésticas a cargo de sus criadas y usaba sus habilidades donde más beneficiaban a su familia. Esta mujer virtuosa sabía quién era ella:

> Ciñe de fuerza sus lomos, y esfuerza sus brazos (v. 17). Ve que van bien sus negocios; su lámpara no se apaga de noche (v. 18). No tiene temor de la nieve por su familia, porque toda su familia está vestida de ropas dobles (v. 21). Fuerza y honor son su vestidura; y se ríe de lo por venir (v. 25).

No podemos establecer nuestras prioridades y vivir de acuerdo a estas si no sabemos quiénes somos y cuáles son nuestras habilidades y dones. Todas tenemos que tomar un tiempo para preguntarnos qué nos importa en verdad. No podemos hacer todo. Tenemos que elegir y decidir dónde pondremos nuestro esfuerzo. Lo que decidamos debería estar en línea con lo que nos caracteriza, no con lo que caracteriza a nuestra vecina o nuestra mejor amiga.

Podemos proyectarnos con fuerza y honor solo cuando tenemos un buen indicio de quiénes somos y qué nos caracteriza. Debemos concentrar nuestra fuerza donde pueda servir a las personas importantes de nuestra vida. Evidentemente, la mujer virtuosa de Proverbios 31 podía ayudar mejor a su esposo y proveer mejor para su familia mediante la compra de campos, la plantación de viñas y la confección y venta de telas.

¿Cuáles son tus dones naturales? ¿Dónde te sientes más cómoda? ¿En qué ámbitos eres más próspera y competente? ¿Qué cosas te interesan? ¿Qué cosas te entusiasman? ¿Dónde sientes que Dios te usa más a menudo? ¿Qué habilidades de las que tienes te gustaría desarrollar?

Parte de ser una mujer semejante a la de Proverbios 31 es conocerte a ti misma. Hace varios años, en el seminario de la

Universidad de Columbia, escuché por primera vez acerca de la "regla del bastante bien". Hubiera deseado haberla conocido cuando era joven. Pasé la mayor parte de mi vida tratando de hacer todo *perfectamente*. Desde luego, no tuve éxito. Nadie lo tiene. Es importante que aprendamos que hay muchísimas cosas en la vida que no son fundamentales para nuestra identidad. No tenemos que hacer las cosas perfectamente. Tal vez, ni siquiera tengamos que hacerlas.

Cuando sabes quién eres y qué cosa te importa hacer en verdad, puedes aplicar la "regla del bastante bien" a todo lo demás. Este es un principio para una buena administración. Es un principio que la mujer virtuosa de Proverbios 31 usó. Ella delegaba las tareas que las criadas podrían hacer mejor que ella. Pasaba tiempo haciendo lo que más se adecuaba a sus habilidades y lo que probablemente más enriquecería a su familia.

La mujer virtuosa es una *administradora* sabia. Pero es más que eso. Además es una sabia *consejera*. En el versículo 26, leemos: "Abre su boca con sabiduría, y la ley de clemencia [o la palabra de bondad] está en su lengua". Con razón su esposo tenía plena confianza en ella.

Muchas mujeres dan consejo. Algunos de esos consejos son sabios. Abigail aconsejó sabiamente a David y a Nabal. Débora aconsejó bien a Barac. Hulda fue una portavoz sabia para el rey Josías por medio del sumo sacerdote y los consejeros del rey.

Otras mujeres dan malos consejos. En el Antiguo Testamento, también encontramos a mujeres como Jezabel, que aconsejó mal a Acab. Rebeca persuadió a su hijo Jacob para que engañara a su padre, Isaac. Anteriormente, en el libro de Proverbios, vemos advertencias acerca de los malos consejos que podría recibir un hombre de boca de una molesta mujer rencillosa o de una seductora mujer extraña. En contraste, la mujer de Proverbios 31 habla con sabiduría, como una sabia consejera.

Una cosa es aprender principios de sabia administración del tiempo, los recursos y los dones. Otra cosa es aprender a ser una consejera sabia. ¿Cómo podemos aprender a ser sabias consejeras?

La clave se encuentra en la última parte del versículo 30: "...La mujer que teme a Jehová, ésa será alabada". ¿Qué relación tiene esto? Vayamos a Proverbios 9:10: "El temor de Jehová es el principio de la sabiduría, y el conocimiento del Santísimo es la inteligencia". La mujer virtuosa "tenía temor de Jehová". Aquella era la fuente de su *kjokmá*, su sabiduría, su talento para vivir, lo cual podía transmitir por medio de sabios consejos.

¿Qué significa tener "temor de Jehová"? El *temor* de Jehová es una comprensión reverente de quién es Él y dónde estamos en relación a Él. Lo más importante que tú y yo podemos saber es quién es Dios. No hay nada que importe más que eso. Debemos saber que Dios existe y que es nuestro creador y el creador del mundo que habitamos.

Debemos vernos a nosotras mismas en relación a su grandeza, su majestad, su poder. Debemos vernos como criaturas dependientes de nuestro Creador cada día de nuestra vida. Ese es el motivo por el cual la mujer virtuosa podía reírse de lo por venir. Ella sabía lo que nosotras debemos saber, que nuestros tiempos están en las manos de Dios. Ella sabía que las manos de Dios son buenas manos, y que Él solo hace lo que es mejor para nuestra vida. Ella sabía lo que Jesús sabía, que nuestro Padre celestial sabe qué necesitamos y que se ha comprometido a suplir nuestras necesidades.

Esta clase de temor, reverencia o asombro por el poder formidable de Dios a nuestro favor nos permite ver nuestra vida y nuestros problemas de una manera diferente. Podemos trabajar con empeño. Podemos usar todos nuestros dones, habilidades y talentos para suplir nuestras necesidades, las necesidades de nuestra familia y las necesidades de los que están fuera de nuestro círculo familiar. Pero mientras nos empeñamos en trabajar con nuestra máxima habilidad, debemos empeñarnos también en saber que Dios está obrando en nuestra vida y a través de ella.

Dios es nuestra fuente de *kjokmá*, sabiduría. Él obra en nuestra vida cuando buscamos administrar bien nuestro tiempo, nuestros recursos y el uso de nuestros dones y habilidades. Dios está con nosotras. Esto nos da la perspectiva y la fortaleza de seguir adelante.

¿Qué significa ser la mujer virtuosa de Proverbios 31? No significa ser una supermujer. No significa ser Miss Universo. No significa hacer de todo y hacerlo perfectamente.

Significa tomar cada una de las decisiones de nuestra vida con la perspectiva de Dios.

Significa decidir administrar nuestro tiempo a la luz de los valores eternos. ¿Qué importará *en verdad* cuando esta vida se acabe?

Significa decidir administrar nuestros recursos sabiamente para beneficio de las personas que nos rodean: nuestra familia y aquellos cuyas necesidades podamos suplir.

Significa decidir dejar de hacer algo o aplicar la "regla del bastante bien" a las cosas que son menos importantes. Es saber lo que no tenemos ninguna necesidad de hacer.

Significa ser una sabia consejera al vivir la vida con el talento de hacer todo lo que hagamos con una perspectiva divina.

En resumen, significa "practicar la presencia del Dios viviente", como escribió el hermano Lawrence. Significa ver los cientos de decisiones que tomamos cada día desde el punto de vista de Dios. Significa tomar esas decisiones con una amplia perspectiva. Significa vivir delante del Dios eterno.

"Engañosa es la gracia, y vana la hermosura; la mujer que teme a Jehová, ésa será alabada". *Esto* significa ser la mujer virtuosa de Proverbios 31. Ser una mujer que tenga temor de Jehová es una meta noble. Es una decisión para tomar. La buena noticia es que con la ayuda de Dios podemos llegar a ser mujeres que vivan la vida con un talento divino.

Preguntas para el debate grupal o la reflexión personal:
1. ¿Cómo te sientes con respecto al Síndrome de la Supermujer? ¿Cómo lo describirías?
2. ¿Sientes que las personas esperan que tú seas una supermujer? Si es así, ¿cómo reaccionas ante esa clase de presión?

3. ¿Qué tipos de problemas tienes para tener y mantener tus prioridades en orden?

4. ¿Qué enseña la Biblia acerca de la manera en que usas tu tiempo?

12

MARÍA
Cómo traer a Cristo a tu vida

Las mujeres y sus decisiones. Todo comenzó con Eva, una mujer perfecta, en un mundo perfecto con una perfecta relación con Dios, su Creador, y con su esposo Adán. Eva, la mujer completa, la que lo tenía todo, era libre de ser todo lo que cualquier mujer podría desear. Cuando miramos a Eva, vemos que fuimos creadas para ser lo que Dios tenía en mente para cada una de nosotras. Pero en Eva también vemos lo que la humanidad decidió ser. La decisión de Eva no parecía ser muy importante en aquel momento; era simplemente una decisión con respecto a una fruta. Pero su decisión nos demuestra parte de lo que significa ser creada a imagen de Dios. Somos libres de poner nuestra voluntad por sobre la voluntad de Dios para nuestra vida. Somos libres de ignorar a nuestro Creador. Somos libres de vivir sin Dios y dejar a un lado su Palabra y su voluntad.

La consecuencia de aquella decisión que Eva tomó fue el distanciamiento. Ella y Adán fueron separados de Dios. Desde entonces, todos los seres humanos han sido distanciados de Dios. La más importante de todas las relaciones, la relación vertical con nuestro Creador, fue resquebrajada.

El segundo distanciamiento tuvo lugar entre Eva y Adán. Las luchas que en la actualidad tenemos para tratar de relacionarnos perfectamente con las personas más importantes de nuestra vida nos muestran cuán devastador ha sido el segundo distanciamiento. Las estadísticas sobre divorcio, abuso físico y sexual, y la necesidad que muchas mujeres tienen de consultar a un consejero demuestran que las relaciones horizontales raras veces son como quisiéramos que fueran.

El tercer distanciamiento es aquel en el que simplemente vivimos: la ruptura entre nosotros y la naturaleza. Batallamos con las malezas en nuestro jardín y con el dolor en nuestro cuerpo. Construimos diques y reservas para hacer frente a la escasez de agua. Paleamos montañas de nieve en el invierno y tratamos de mantenernos frescas en el verano. En resumen, nos acomodamos a un mundo que no siempre es amable con nosotras. Vivimos con un básico distanciamiento de la naturaleza.

Todo esto llegó porque una hermosa mañana, Adán y Eva decidieron poner la voluntad de ellos por sobre la voluntad de Dios. En el proceso, obtuvieron lo que se les había prometido: un conocimiento práctico del bien y el mal. Ellos habían conocido el bien en el Edén. Ahora conocían el trabajo, el dolor y la muerte. La angustia de Eva debe haber sido mayor de lo que podemos imaginar. Eso debe haber hecho al diablo más sombrío en su atrocidad.

Dios le dio a Eva un diminuto rayo de esperanza en aquel espantoso día en el que fueron expulsados del Edén. Él escondió una promesa en la maldición que pronunció sobre la serpiente. Dijo que pondría enemistad entre Satanás y la mujer, entre su simiente y la simiente suya. En un futuro, sin embargo, su simiente heriría la cabeza de Satanás, aunque este primero la heriría en el calcañar. Esta promesa, llamada *protoevangelio* o el primer anuncio del evangelio, es la promesa que ninguna mujer del Antiguo Testamento vio cumplirse. Raquel y Lea no la vieron. María (la hermana de Moisés) no la vio. Rut no la vio. Ester no la vio. Miles y miles de años pasaron. Mujeres y hombres han luchado con el distanciamiento de Dios, de sus congéneres y del mundo físico que los rodeaba. A muchos debe haberles parecido que Dios nunca cumpliría su promesa. ¿Se habría olvidado? ¿Habría cambiado de opinión? ¿Alguna vez cambiarían las cosas?

Entonces, en una diminuta e insignificante aldea sobre la colina que pertenece a Nazaret, en un insignificante país llamado Israel, se levantó el telón de la escena que ha cambiado el curso de la historia y que ha cambiado la vida de millones de hombres y mujeres. Es la conocida historia que encontramos en Lucas 1:26-38:

Al sexto mes el ángel Gabriel fue enviado por Dios a una ciudad de Galilea, llamada Nazaret, a una virgen desposada con un varón que se llamaba José, de la casa de David; y el nombre de la virgen era María.

Y entrando el ángel en donde ella estaba, dijo: ¡Salve, muy favorecida! El Señor es contigo; bendita tú entre las mujeres.

Mas ella, cuando le vio, se turbó por sus palabras, y pensaba qué salutación sería esta.

Entonces el ángel le dijo: María, no temas, porque has hallado gracia delante de Dios.

Y ahora, concebirás en tu vientre, y darás a luz un hijo, y llamarás su nombre JESÚS.

Este será grande, y será llamado Hijo del Altísimo; y el Señor Dios le dará el trono de David su padre; y reinará sobre la casa de Jacob para siempre, y su reino no tendrá fin.

Entonces María dijo al ángel: ¿Cómo será esto? pues no conozco varón.

Respondiendo el ángel, le dijo: El Espíritu Santo vendrá sobre ti, y el poder del Altísimo te cubrirá con su sombra; por lo cual también el Santo Ser que nacerá, será llamado Hijo de Dios.

Y he aquí tu parienta Elisabet, ella también ha concebido hijo en su vejez; y este es el sexto mes para ella, la que llamaban estéril; porque nada hay imposible para Dios.

Entonces María dijo: He aquí la sierva del Señor; hágase conmigo conforme a tu palabra. Y el ángel se fue de su presencia.

Ponte en el lugar de María. Durante miles de años, los judíos habían hablado de la promesa de que Dios enviaría un Redentor. Ellos tenían las palabras de los profetas y sabían que el Mesías nacería en Belén, al sur de Jerusalén. Ellos sabían que nacería de una mujer que fuera virgen. Ellos sabían que nacería de un descendiente del gran rey David. *Algún día* llegaría. Pero ¿ahora? ¿Por medio de una simple muchacha campesina que vivía a varios días de viaje al norte de Belén en un pueblo de Galilea llamado Nazaret? María conocía la promesa igual que todos los judíos. Incluso podría haber fomentado la esperanza secreta, como muchas mujeres deben haberla fomentado, de que Dios la escogería para dar a luz al Mesías. Pero aquel día, cuando se le apareció el ángel, su impacto debe haber sido enorme. ¿Puedes imaginar lo que ella sintió?

No tengo idea de qué manera se le apareció Gabriel a María aquel día. Cuando el mismo ángel se le apareció a Daniel casi quinientos años antes, Daniel describió su reacción con estas palabras: "Y oí una voz de hombre entre las riberas del Ulai, que gritó y dijo: Gabriel, enseña a éste la visión. Vino luego cerca de donde yo estaba; y con su venida me asombre, y me postré sobre mi rostro..." (Dn. 8: 15-16). En el segundo encuentro con Gabriel, Daniel escribió:

> Y alcé mis ojos y miré, y he aquí un varón vestido de lino, y ceñidos sus lomos de oro de Ufaz.
>
> Su cuerpo era como de berilo, y su rostro parecía un relámpago, y sus ojos como antorchas de fuego, y sus brazos y sus pies como de color de bronce bruñido, y el sonido de sus palabras como el estruendo de una multitud.
>
> Y sólo yo, Daniel, vi aquella visión, y no la vieron los hombres que estaban conmigo, sino que se apoderó de ellos un gran temor, y huyeron y se escondieron.
>
> Quedé, pues, yo solo, y vi esta gran visión, y no quedó fuerza en mí, antes mi fuerza se cambió en desfallecimiento, y no tuve vigor alguno.
>
> Pero oí el sonido de sus palabras; y al oír el sonido de sus palabras, caí sobre mi rostro en un profundo sueño, con mi rostro en tierra.

Y he aquí una mano me tocó, e hizo que me pusiese sobre mis rodillas y sobre las palmas de mis manos.

Y me dijo: Daniel, varón muy amado, está atento a las palabras que te hablaré, y ponte en pie; porque a ti he sido enviado ahora. Mientras hablaba esto conmigo, me puse en pie temblando.

Entonces me dijo: Daniel, no temas; porque desde el primer día que dispusiste tu corazón a entender y a humillarte en la presencia de tu Dios, fueron oídas tus palabras; y a causa de tus palabras yo he venido.

Mas el príncipe del reino de Persia se me opuso durante veintiún días; pero he aquí Miguel, uno de los principales príncipes, vino para ayudarme, y quedé allí con los reyes de Persia.

He venido para hacerte saber lo que ha de venir a tu pueblo en los postreros días; porque la visión es para esos días. Mientras me decía estas palabras, estaba yo con los ojos puestos en tierra, y enmudecido.

Pero he aquí, uno con semejanza de hijo de hombre tocó mis labios. Entonces abrí mi boca y hablé, y dije al que estaba delante de mí: Señor mío, con la visión me han sobrevenido dolores, y no me queda fuerza.

¿Cómo, pues, podrá el siervo de mi señor hablar con mi señor? Porque al instante me faltó la fuerza, y no me quedó aliento (10:5-17).

Yo reaccionaría igual que Daniel. Si un ángel de Dios se me apareciera de la manera que se le apareció a Daniel aquel día, yo también me quedaría muda, sin aliento y muerta del susto. Cualquiera sea la forma que adoptó el ángel de Dios al presentársele a María aquel día, ella evidentemente se turbó. Necesitó las palabras de consuelo que siguieron a continuación: "María, no temas, porque has hallado gracia delante de Dios". Acto seguido, continuó con el anuncio de que ella llegaría a ser la madre del Redentor prometido por Dios, que se llamaría Jesús.

Observa que la primera reacción de María en el versículo 34 es: "...¿Cómo será esto? pues no conozco varón". Ella no contradijo el mensaje de Gabriel diciendo: "¡Imposible!". Ella simplemente se cuestionó "cómo".

Entonces, llegó la respuesta: Dios mismo engendraría al niño. Prueba de que Dios podía hacer lo imposible se encontraba en el hecho de que Elisabet, la prima de María, había quedado embarazada en su vejez.

María ya se había decidido. Ella hubiera podido decir: "No, lo siento, Gabriel. José nunca entendería un trato de este tipo. Las personas de este pequeño pueblo murmurarían. Eso crearía muchos problemas para el niño y para mí. No creo que realmente quiera tener los problemas que esto nos ocasionaría a todos".

María pudo haber dicho todo eso. Pero no lo hizo. Podemos leer de qué manera se sometió a la voluntad de Dios en el versículo 38: "...He aquí la sierva del Señor; hágase conmigo conforme a tu palabra...". Final de la conversación. Gabriel se marchó.

Si tú hubieras sido María aquel día, ¿qué hubieras pensado después que Gabriel te dejara sola? Posiblemente, te hubieras quedado sentada en silencio por algún tiempo, conmocionada por la experiencia de la visitación angélica y, aun más, conmocionada por el mensaje de haber sido escogida por Dios para traer al Mesías al mundo.

Cuando María asimiló la experiencia y la realidad de aquel embarazo extraordinario, inmediatamente se alistó y se apresuró a visitar a su prima Elisabet, quien vivía en la zona montañosa de Judea. Fue un viaje de un par de días al sur a pie, alrededor de ciento treinta kilómetros de Nazaret.

Si María pensó en visitar a Elisabet solo porque el ángel le había dicho que aquella mujer casi anciana estaba embarazada o porque las dos mujeres ya eran buenas amigas no está claro. Obviamente, era importante para María pasar algún tiempo con Elisabet. Las Escrituras no nos dicen nada acerca de la familia de María. Puede que haya sido huérfana y que viviera en casa de sus familiares en Nazaret. Su repentina partida hacia la tierra de Judea por tres meses para visitar a Elizabet no parece haber causado problemas familiares en Nazaret.

De todas maneras, María llegó a la casa de Elisabet, y antes de pasar por la puerta, Elisabet fue llena del Espíritu, por lo que, en Lucas 1:42-45, exclamó a gran voz y dijo:

...Bendita tú entre las mujeres, y bendito el fruto de tu vientre.

¿Por qué se me concede esto a mí, que la madre de mi Señor venga a mí?

Porque tan pronto como llegó la voz de tu salutación a mis oídos, la criatura saltó de alegría en mi vientre.

Y bienaventurada la que creyó, porque se cumplirá lo que le fue dicho de parte del Señor.

"Bienaventurada la que creyó, porque se cumplirá lo que le fue dicho de parte del Señor". Eva había escuchado las palabras de Dios con respecto al árbol, pero *no había creído*. María había escuchado las palabras del Señor por medio de su mensajero Gabriel y le *había creído*. Ella creyó contra todo lo que parecía racional, natural o humanamente posible. Ella pudo someterse a la voluntad de Dios porque había creído.

María respondió al saludo inspirado de Elisabet con el cántico que se conoce como el Magníficat de María, registrado en Lucas 1:46-55:

Entonces María dijo:
Engrandece mi alma al Señor; y mi espíritu se regocija en Dios mi Salvador.

Porque ha mirado la bajeza de su sierva; pues he aquí, desde ahora me dirán bienaventurada todas las generaciones.

Porque me ha hecho grandes cosas el Poderoso; santo es su nombre, y su misericordia es de generación en generación a los que le temen.

Hizo proezas con su brazo; esparció a los soberbios en el pensamiento de sus corazones.

Quitó de los tronos a los poderosos, y exaltó a los humildes.

A los hambrientos colmó de bienes, y a los ricos envió vacíos.

Socorrió a Israel su siervo, acordándose de la misericordia de la cual habló a nuestros padres, para con Abraham y su descendencia para siempre.

Mucho del Magníficat nos lleva nuevamente al cántico de Ana en 1 Samuel 2. María debe haber conocido no solamente las historias, sino los cánticos de su historia judía. Las palabras de Ana vienen fácilmente a sus labios mientras alaba a Dios.

Entremezclado en la alabanza de María, hay un claro entendimiento de que el mundo en el que ella vivía —y el mundo en el que nosotras vivimos hoy— no es el mundo que Dios quiso que ocupáramos. Es un mundo lleno de pecado y de muerte, un mundo en el que el distanciamiento que se había originado por la decisión de Eva y Adán había estado en funcionamiento por miles y miles de años. El mundo de María se encontraba dominado por los romanos. Era un mundo en el cual Herodes, un rey cruel y caprichoso, gobernaba Palestina. Era un mundo en el cual aun los líderes religiosos de Israel "[devoraban] las casas de las viudas, y como pretexto [hacían] largas oraciones…" (Mt. 23:14).

La alabanza que María le ofreció a Dios incluye su apreciación por el pobre, el hambriento y el afligido. María vio el milagro de su concepción como *la obra de Dios*. *Dios* estaba por comenzar su labor tan dilatada de someter al altivo, derribar a los autoritarios, levantar al humilde, suplir de bienes al necesitado y despedir sin nada al rico. En resumen, María vio que Dios comenzaría a cumplir la promesa que le había hecho a su pueblo. Una promesa hecha por primera vez en el huerto hacía miles de años. Una promesa hecha a aquella pareja, cuya decisión había dado origen al distanciamiento que confundió la mente y endureció el corazón de la gente, e hizo que el mundo fuera un lugar feo, despótico y doloroso en el cual vivir.

Es probable que María se haya quedado con Elisabet por tres meses, hasta el nacimiento de Juan el Bautista. A los tres meses de embarazo, María regresó a Nazaret. Ella había vivido todo ese tiempo con el asombro, la emoción y el entusiasmo de ser la portadora de Dios. Ahora, tenía que enfrentar el escarnio y el rechazo de José y de los pobladores de su ciudad natal.

Ponte otra vez en el lugar de María. Evidentemente, se encontraba en una situación bochornosa. José también estaba en una difícil posición. Por lo general, el compromiso judío duraba un año y era una clase de matrimonio sin relaciones sexuales. Si María quedaba embarazada durante ese período, las lenguas empezarían a hablar. Si José, al saber que él no era el padre, decidía romper el compromiso con María, ella podría ser apedreada hasta morir. Si de lo contrario José seguía adelante con el matrimonio con María, la gente pensaría que él había violado las estrictas costumbres de castidad que debían prevalecer durante el período de compromiso.

Observa la lucha que José tenía en su interior tan pronto como supo que María estaba embarazada. La historia se encuentra en Mateo 1:18-25:

> El nacimiento de Jesucristo fue así: Estando desposada María su madre con José, antes que se juntasen, se halló que había concebido del Espíritu Santo.
>
> José su marido, como era justo, y no quería infamarla, quiso dejarla secretamente.
>
> Y pensando él en esto, he aquí un ángel del Señor le apareció en sueños y le dijo: José, hijo de David, no temas recibir a María tu mujer, porque lo que en ella es engendrado, del Espíritu Santo es.
>
> Y dará a luz un hijo, y llamarás su nombre JESÚS, porque él salvará a su pueblo de sus pecados.

Todo esto aconteció para que se cumpliese lo dicho por el
Señor por medio del profeta, cuando dijo:
He aquí, una virgen concebirá y dará a luz un hijo, y lla-
marás su nombre Emanuel, que traducido es: Dios con nosotros.
Y despertando José del sueño, hizo como el ángel del Señor
le había mandado, y recibió a su mujer.
Pero no la conoció hasta que dio a luz a su hijo primogénito;
y le puso por nombre JESÚS.

Ponte en el lugar de José. La Biblia no nos dice si María trató
de explicarle su embarazo. Aunque lo hubiera hecho, si tú hubieras
sido José, ¿habrías creído la historia de un ángel y una concepción
divina? ¿O es más probable que hubieras pensado que María no
había sido fiel a sus votos? José también necesitaba una visitación
angelical que lo convenciera de là veracidad de las circunstancias
presentes.

José se encontraba en una desventurada situación. Necesitaba
una prueba sobrenatural para creer en el nacimiento sobrenatural
de Jesús. Él también necesitaba creer la palabra de Dios por medio
de un ángel y después actuar obedientemente con fe. Mediante la
fe, José llegó a estar dispuesto a hacerse pasar por el padre del bebé
de María, aunque las personas del pueblo creyeran que él se había
aprovechado de ella durante su compromiso. Esta era la única manera de protegerla.

Al final del ministerio de Jesús, escuchamos a los fariseos preguntar en tono de burla: "...¿Dónde está tu Padre?..." (Jn. 8:19).
¿Estaban ellos cuestionando si José era el verdadero padre de
Jesús? Más adelante, en el mismo capítulo (v. 41), ellos le dicen
a Jesús: "...Nosotros no somos nacidos de fornicación...", con lo
cual implicaban que Jesús sí lo era. Evidentemente, tanto María
como José estaban comprometidos. Ellos no podían explicar
lo que estaba sucediendo y exonerar sus nombres y reputación.
Tanto María como José tuvieron que vivir con la deshonra de una
sociedad que contaba con las normas de pureza sexual más altas

MARÍA

de aquella época. Ambos sabían con lo que tendrían que vivir. No había otro camino. María y José tuvieron que tener absoluta fe en Dios y en el otro para que ese matrimonio funcionara. Otra prueba aún aguardaba a esta pareja obediente. Para saber al respecto, vayamos a Lucas 2:1-3:

> Aconteció en aquellos días, que se promulgó un edicto de parte de Augusto César, que todo el mundo fuese empadronado. Este primer censo se hizo siendo Cirenio gobernador de Siria. E iban todos para ser empadronados, cada uno a su ciudad.

Todo aquel que está familiarizado con la Navidad conoce la historia. María, ahora a punto de dar a luz, tenía que ir con José a Belén, la ciudad de sus ancestros, que era la ciudad de David, a fin de registrarse para el censo. El viaje era de casi ciento cincuenta kilómetros. Debía hacerse en burro o a pie. De cualquier manera, era un viaje largo y agobiante. Podemos imaginarnos fácilmente cuán cansada debe haber estado María, posiblemente ya en los comienzos de su trabajo de parto, cuando llegaron a la posada de Belén. Debido a que esta estaba colmada de otros que también habían ido a registrarse para el censo, ellos tuvieron que descender por la abrupta ladera sobre la cual estaba construida la posada para albergarse en un establo de animales. Allí, María dio a luz a Jesús, el Santo de Dios, y lo envolvió en pañales y lo acostó en un pesebre de heno.

Una pareja insignificante llegó como forasteros al final de un viaje largo y agotador. Una simple muchacha campesina enfrentó el alumbramiento de su primer hijo prácticamente sin intervención, sin comodidad ni conveniencia material. Ese alumbramiento podría haber pasado completamente inadvertido. Pero no fue así. Dios tenía otros planes.

Una vez más, un ángel del Señor causó pánico al hacer su anuncio. Una banda de pastores en un campo cercano se enteró del nacimiento de este insignificante bebé, de unos padres insignificantes, en un establo insignificante, en un pueblo insignificante al este del mar Mediterráneo. De repente, todo lo que parecía insignificante, recibió la estampa de Dios y se tornó en el suceso de mayor trascendencia que puede cambiar cada vida y todo el mundo.

El ángel dijo: "...os ha nacido hoy, en la ciudad de David, un Salvador, que es CRISTO el Señor" (Lc. 2:11). Un Salvador. El Cristo. El Señor. Emanuel, Dios con nosotros. Jesús, Aquel que salvaría al pueblo de sus pecados. Aquel que se le había prometido a Eva y a Adán en Génesis 3:15. Aquel cuya venida restauraría para cada ser humano la posibilidad de una relación personal con Dios, nuestro Creador. Aquel que remediaría nuestro distanciamiento, no solo de Dios, sino de uno con el otro.

María tomó una decisión. Decidió doblegarse ante la voluntad de Dios a pesar de los problemas que podía enfrentar. Al tomar esta decisión se convirtió en la portadora de Dios, en aquella por la cual el Salvador vendría al mundo. Al enfrentarse a la decisión de cómo usar su vida, optó por Dios. Tomó una buena decisión. Supo que era bienaventurada por traer al Salvador al mundo. Se gozó al aceptar la voluntad de Dios para su vida.

Sobre cada ser humano yace la asombrosa responsabilidad de decidir. Es parte de lo que significa ser creado a la imagen de Dios. Podemos optar por nuestro Creador o en contra de Él. Podemos optar por dejarlo obrar a través de nuestra vida en cualquier lugar que nos coloque. O podemos optar por nuestra propia voluntad, nuestra propia comodidad y nuestra propia conveniencia. La decisión es nuestra. Dios no fuerza a nadie en contra de su voluntad. El poder de decisión podría ser el don más asombroso de Dios para cada ser humano.

¿Dónde te ha colocado Dios?

¿Qué te está pidiendo que hagas?

Puedes escuchar su voz en las Escrituras. Puedes escuchar su voz en las enseñanzas de sus ministros. Puedes escuchar su voz en la oración y la meditación. Cuando escuchas su voz, ¿qué te pide Él que hagas? Antes de tomar una decisión. Puedes decidir, igual que Eva, ignorar la voluntad de Dios para ti. O puedes decidir, igual que María, aceptar la voluntad de Dios sin tener en cuenta la opinión pública. Si tu decisión es igual a la de María, tú también serás bendecida. Conocerás la presencia de Dios contigo. Conocerás la bendición de Dios en tu trabajo. Conocerás el favor de Dios cuando un día estés delante de Él. Entonces, escucharás aquellas emocionantes palabras: "Bien, buen siervo y fiel".

Preguntas para el debate grupal o la reflexión personal:

1. La libertad de decisión es tal vez el don más maravilloso de Dios para cada uno de los seres humanos. ¿Cómo te sientes tú con respecto a ese don?

2. ¿Qué es para ti lo más difícil de ser una mujer que debe tomar muchas decisiones?

3. ¿Qué es lo que más te gusta de ser una mujer que debe tomar muchas decisiones?

4. ¿De qué manera práctica participa Dios de las decisiones que tú tomas?

En *Las enseñanzas de Jesús para la mujer de hoy*, modelos a seguir como María, Marta y María Magdalena muestran la clase de fe y determinación que las mujeres cristianas necesitan para superar con piedad y gracia los retos de hoy. La doctora Alice Mathews usa una lupa bíblica para centrarse en el modo en que Jesús mostró su notable compasión hacia estas mujeres en medio de sus luchas. Una valiosa herramienta para el estudio de la Biblia en grupo o individual.

ISBN: 978-0-8254-1599-9

Disponible en su librería cristiana favorita o en la internet: www.portavoz.com

La editorial de su confianza

Inigualable colección de estudios sobre 31 mujeres de la Biblia.
Ideal para el estudio individual o en grupo.

ISBN: 978-0-8254-1801-3

Cada capítulo destaca una mujer de la Biblia e incluye preguntas.
Un formato excelente para estudio bíblico individual o en grupo.

ISBN: 978-0-8254-1387-2

Disponible en su librería cristiana favorita o en la internet: www.portavoz.com
La editorial de su confianza

Tres títulos de la exitosa serie de estudio bíblico para mujeres ocupadas, *Una mujer conforme al corazón de Dios.*

ISBN: 978-0-8254-1257-8 (*María*)
ISBN: 978-0-8254-1258-5 (*Sara*)
ISBN: 978-0-8254-1259-2 (*Ester*)

Disponible en su librería cristiana favorita o en la internet: www.portavoz.com

La editorial de su confianza

Principios eternos para cada una de tus necesidades. Elizabeth George, autora de éxitos de librería, explica los principios bíblicos de gran relevancia para las necesidades de una mujer tales como el hogar, el matrimonio y la vida personal.

ISBN: 978-0-8254-1265-3

NANCY LEIGH DEMOSS
editora general

ATRÉVETE A SER
UNA MUJER CONFORME
AL PLAN DE DIOS

Se creía que la revolución feminista traería mayor satisfacción y libertad para las mujeres. Sin embargo, no se sienten realizadas y libres porque han perdido la maravilla y riqueza de su vocación como mujeres. Hay un nuevo movimiento que está esparciendo semillas de esperanza, humildad, obediencia y oración. Es un llamado a regresar a una femineidad piadosa, y está resonando en el corazón de mujeres de todas partes mediante la sabiduría de mentoras como Nancy Leigh DeMoss, Susan Hunt, Carolyn Mahaney y otras.

ISBN: 978-0-8254-1203-5

Disponible en su librería cristiana favorita o en www.portavoz.com

La editorial de su confianza

PORTAVOZ

NUESTRA VISIÓN

Maximizar el efecto de recursos cristianos
de calidad que transforman vidas

NUESTRA MISIÓN

Desarrollar y distribuir productos de calidad —con integridad
y excelencia—, desde una perspectiva bíblica y confiable, que
animen as las personas a conocer y servir a Jesucristo.

NUESTROS VALORES

*Nuestros valores se encuentran fundamentados en la Biblia,
fuente de toda verdad para hoy y para siempre. Nosotros
ponemos en práctica estas verdades bíblicas como fundamento
para las decisiones, normas y productos de nuestra compañía.*

Valoramos la excelencia y la calidad
Valoramos la integridad y la confianza
Valoramos el mérito y la dignidad de los individuos
y las relaciones
Valoramos el servicio
Valoramos la administración de los recursos

Para más información acerca de nuestra editorial y los
productos que publicamos visite nuestra página en la red:
www.portavoz.com